미래와 싸우는

벤처캐피털리스트

유인철 지음

TaLK SHOW

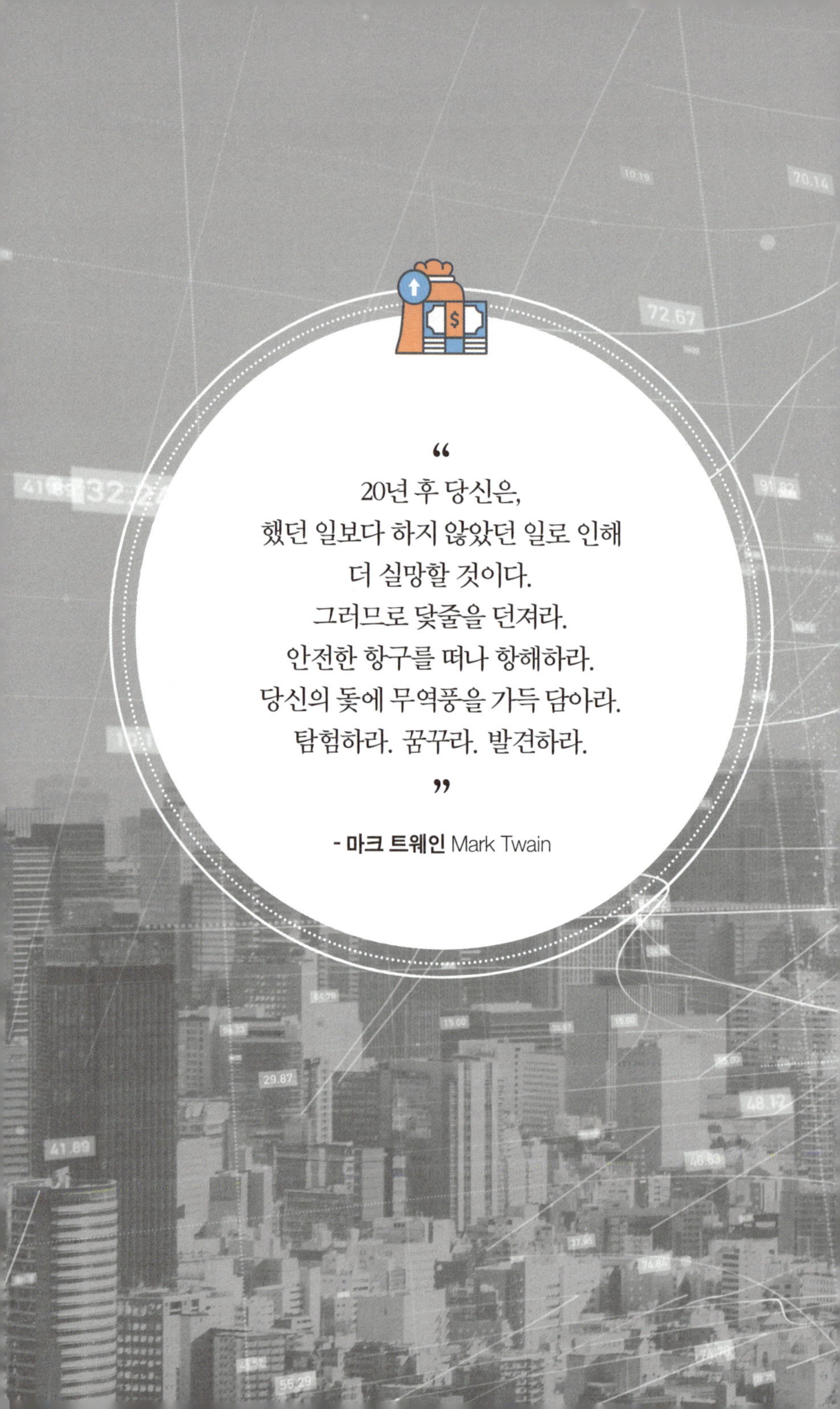
"
20년 후 당신은,
했던 일보다 하지 않았던 일로 인해
더 실망할 것이다.
그러므로 닻줄을 던져라.
안전한 항구를 떠나 항해하라.
당신의 돛에 무역풍을 가득 담아라.
탐험하라. 꿈꾸라. 발견하라.
"

- 마크 트웨인 Mark Twain

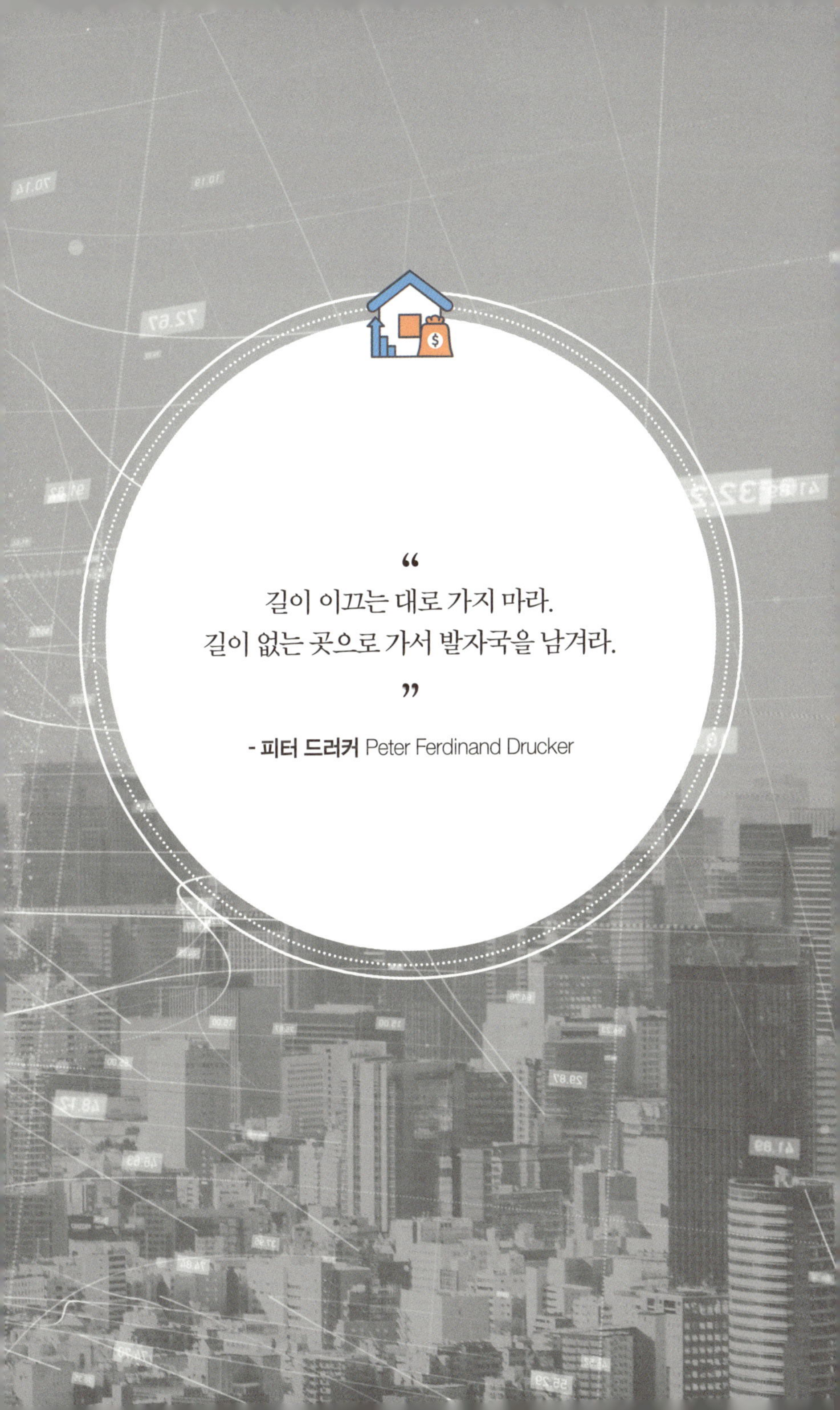
"
길이 이끄는 대로 가지 마라.
길이 없는 곳으로 가서 발자국을 남겨라.
"

- 피터 드러커 Peter Ferdinand Drucker

C·O·N·T·E·N·T·S

벤처캐피털리스트 유인철의 프러포즈 ⋯ 011

첫인사 ⋯ 017

벤처기업이란 ⋯ 027
벤처기업이란 무엇인가요 ⋯ 028
벤처기업의 역사는 어떻게 되나요 ⋯ 031
벤처기업은 어떤 역할을 하고 있나요 ⋯ 035
벤처기업은 어떤 방식으로 운영되나요 ⋯ 036
벤처기업과 관련된 다양한 직업군이 궁금해요 ⋯ 042
좋은 벤처기업, 나쁜 벤처기업의 기준이 있나요 ⋯ 043
우리나라 벤처기업이 앞서 있는 분야가 있나요 ⋯ 044
벤처기업은 앞으로 어떻게 변할까요 ⋯ 048

벤처캐피털리스트의 세계 Venture Capitalist ⋯ 051
벤처캐피털이란 무엇인지 알려주세요 ⋯ 052
벤처캐피털의 유래는 어떻게 되나요 ⋯ 054
벤처캐피털리스트는 어떤 일을 하나요 ⋯ 062
구체적인 업무와 업무 순서에 대해 알고 싶어요 ⋯ 065
비슷한 직업이 있나요 ⋯ 070

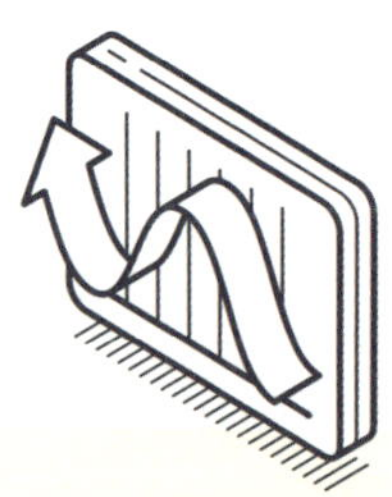

투자중개업 브로커라는 오해도 있는 것 같아요 … 071

업무 분담을 어떻게 하나요 … 072

업무 강도는 어떤가요 … 073

외국 벤처캐피털리스트와 차이가 있나요 … 074

우리 사회에 꼭 필요한 직업일까요 … 075

업무 평가는 어떻게 받나요 … 077

직업병이 있나요 … 078

처우나 복지는 어떤가요 … 080

이 직입의 매력을 알려주세요 … 081

벤처캐피털리스트에게 가장 중요한 것은 무엇일까요 … 083

이 직업을 잘 표현한 소설이나 영화, 드라마가 있나요 … 088

벤처캐피털의 투자 성공 사례를 들려주세요 … 089

새로운 플랫폼에 관해 설명해 주세요 … 093

이 직업의 전망은 어떤가요 … 095

벤처캐피털리스트가 되는 방법 … 097

벤처캐피털리스트가 되는 방법을 알려주세요 … 098

어떤 사람이 적합할까요 … 100

인문학 관련 독서를 많이 해야 하나요 … 101

청소년 시절에 노력해야 하는 게 있나요 … 107

C·O·N·T·E·N·T·S

분석 능력을 키우려면 어떻게 해야 할까요 … 109

미래 예측에 대한 관심과 감각은 어떻게 키우죠 … 111

사람을 좋아하는 성향이 필요한가요 … 112

이 직업과 절대 맞지 않는 사람은 어떤 사람일까요 … 114

유리한 전공과 자격증이 있나요 … 115

입사 면접과 시험이 따로 있나요 … 116

유학을 다녀오는 게 도움이 되나요 … 117

대학을 나와야 하나요 … 118

벤처캐피털리스트가 되면 … 121

어떤 업무부터 시작하나요 … 122

숙련되기까지 시간이 얼마나 걸릴까요 … 123

이 직업을 갖게 되면 어떤 변화가 생기죠 … 124

함께 일하시는 분들은 어떤 분들인가요 … 126

고민과 갈등에 관해서 이야기해 주세요 … 127

벤처캐피털리스트의 일과가 궁금해요 … 129

기술과 지식, 기업에 대한 정보는 어떻게 채우나요 … 132

수입은 어떻게 되나요 … 133

스트레스는 어떻게 관리하세요 … 134

나와 당신, 그리고 사회의 다양한 모험 ⋯ 137

벤처캐피털리스트 유인철 Story ⋯ 150

이 책을 마치며 ⋯ 165

나도 벤처캐피털리스트 ⋯ 171

VENTURE
CAPITALIST
A
B
C

벤처캐피털리스트
유인철의 **프러포즈**

안녕하세요.
18년 동안 벤처캐피털리스트로 살아온
유인철입니다.

저는 여러분에게 제 직업을 프러포즈하려고
펜을 들었습니다.
벤처캐피털리스트라는 일이
왜 중요한지 이야기 나누고 싶습니다.

여러분이 살아가는 세상은 끊임없이 변합니다.
과거에는 2030년이 되면 현재 직업의 80%가 사라진다는
발표도 있었어요.
우리는 나 자신도 어떻게 될지 모르는
불안한 시대에 살고 있습니다.

왜 이렇게 세상은 빨리 변하는 걸까요?
여러분은 생각해 봤나요?

인류가 산업혁명을 이루기까지 수천 년
산업혁명에서 인터넷 혁명까지 200년
인터넷 혁명에서 모바일 혁명까지 10년
그리고 새로운 AI의 혁명을 맞아 예측할 수 없을 정도로
발전해 나가고 있습니다.

기술이 빠르게 발달하면서
사람들을 편리하고 건강하게 만들고 있어요.
여러분이 미래에 대해 무엇을 상상하더라도
그것은 현실로 나타날 것입니다.

그런데 질문이 하나 있습니다.
기술이 발달하면 사람들은 행복해질까요?
아니면 불행해질까요?

둘 다 아닙니다.
정답은

'아직 아무것도 정해지지 않았다.'

기술은 상업화 과정을 거쳐서 여러분을 만납니다.
그리고 사람과 사회를 크게 변화시켜요.
혁신적인 기술로 세상의 큰 변화를 일으키는 기업을
벤처기업이라고 합니다.
벤처기업이 이 세상을 선한 방향으로
변화시킬 수 있도록 물심양면으로 돕는 사람이
벤처캐피털리스트입니다.

여러분,
세상의 변화를 두려워하지 마세요.
이 변화가 사람들을 불행하게 만들지 않도록
모두 행복해지는 방향으로 갈 수 있도록
미래와 기술 그리고 벤처기업에
여러분의 따뜻한 손을 건네기 바랍니다.

미래는 아직 정해지지 않았습니다.
이제 여러분이 정하는 일만 남았습니다.

인간에 대한 따뜻한 철학과 신념
미래 기술에 대한 부푼 꿈을 가진
여러분을 만날 그날을
기다리겠습니다.

– 벤처캐피털리스트 유인철

VENTURE CAPITALIST

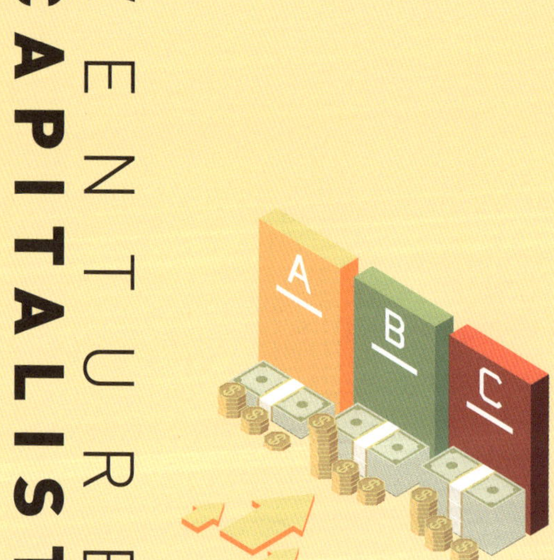

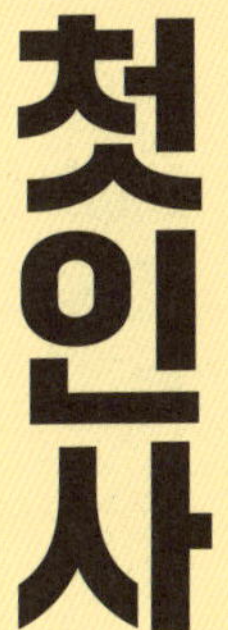

첫인사

편

토크쇼 편집자

유

벤처캐피털리스트 유인철

편 대표님, 안녕하세요?

유 안녕하세요.

편 벤처캐피털리스트라는 직업을 가진 분이라 차가운 인상을 생각했는데 따뜻한 인상에 깜짝 놀랐습니다.

유 사람을 많이 대하는 직업이라 성격이 둥글둥글해지는 것 같아요. 차도남의 이미지도 좋지만, 저같이 친근한 인상도 이 일을 하는 데 장점이 많죠.

편 저는 과학, 기술, 벤처, 기업, 투자라는 말들이 좀 낯설고 어렵게 느껴집니다. 스마트폰을 항상 사용하지만, 이 프로그램을 누가 개발했는지, 그 기술이 우리에게 어떤 영향을 미쳤는지 생각한다는 것이 머리 아프더라고요. 저 같은 사람도 대표님의 직업을 이해하는 데 무리가 없을까요?

유 벤처기업이나 기술, 자본의 투자라고 해도 모두 사람이 하는 일이기 때문에 사람이 주인공이라고 생각합니다. 벤처캐피털리스트라는 직업 이야기도 결국 사람의 이야기가 될 것 같아요. 모두 사람들이 행복해지기 위한 기술, 자본이어야 하니까요.

편 평범한 사람이 벤처기업과 자본의 투자에 대해 알게 된다는 건 어떤 의미가 있을까요?

유 벤처기업과 벤처캐피털이라는 용어가 일반인에게는 생소할 수도 있습니다. 그러나 이미 우리에게 너무나 익숙해서 하루도 사용하지 않으면 안 되는 대부분의 서비스는 벤처기업이 시도했어요. 시장에서 그 가치를 인정받아서 아이디어 단계부터 벤처캐피털로부터 투자를 받고 성장을 해 왔습니다. 예를 들어보면 Facebook, 카카오톡, 유튜브, Instagram, 배달의 민족, Netflix 등 대부분의 서비스가 벤처기업가들의 혁신적인 상상에서 시작했고, 작은 사무실에서 시작되었어요.

우리가 벤처기업과 벤처캐피털의 자본시장을 이해한다면, 우리가 느끼는 생활 속의 사소한 불편함을 각자 자신만의 창의적인 아이디어로 개선하여 자본시장에서 새로운 기회를 만들 수 있습니다.

아이디어를 구체화, 제품화, 상업화하여 기업으로 성장시키는 중요한 역할을 하는 것이 벤처캐피털이고 이 구조를 체계적으로 이해한다면 이 글을 읽는 여러분은 벤처기업가로, 벤처캐피털리스트로 성장할 수 있습니다.

편 벤처캐피털리스트 직업을 청소년에게 프러포즈하시는 이유가 있나요?

유 벤처캐피털리스트는 벤처기업의 성장과 혁신 경제를 창조하는 데 중요한 역할을 하지만, 주위에서 쉽게 만날 수 있는 직업군은 아니라서 청소년들이 이 직업에 대해 제대로 알기가 어렵습니다.

여러분에게 벤처캐피털리스트를 소개하고, 이 책을 읽는 누구나 새로운 서비스와 혁신적인 장치들을 이 세상에 등장시키는 소중하고 의미 있는 역할을 할 수 있기를 기대합니다.

편 직업을 선택하는 기준에 대해 조언해 주세요.

유 어떤 일을 생각만 해도 가슴이 뛰고, 그 일을 할 때 너무나 기쁘고, 내가 한 일의 결과에 대해 다른 사람들이 감사할 수 있는 일이라면 여러분에게 최고의 직업이라고 생각합니다.

벤처캐피털리스트 직업은 제가 가장 열망하던 일이었고, 벤처캐피털에 소속되어 활동할 때 하루하루 너무 기뻤습니다. 제가 발굴해서 투자한 회사들, 그리고 그 회사들이 만든 서비스나 제품이 많은 사람들에게 감동을 주고 사랑받았기 때문에 한 명의 직업인으로서 정말 행복하고 보람을 느꼈습니다. 여러분도 저처럼 행복하고 의미 있는 삶을 살기를 응원합니다.

편 과학 기술의 발전과 자본의 이동이 너무 빠르고 복잡해서, 이 직업을 갖게 되면 세상을 바라보는 눈이 달라질 것 같아요. 이 직업을 갖기 전과 후의 인생에 차이가 있나요?

유 벤처캐피털리스트는 혁신적인 벤처기업들을 발굴해서 투자하고 성과를 공유하는 직업입니다. 그래서 성공적인 벤처캐피털리스트가 되기 위해서는 끊임없이 가능성 있는 벤처기업을 발굴해야 합니다.

좋은 벤처기업을 빌 굴히기 위해서는 세상의 변화를 선제적으로 예측해야 하고 그 변화를 이끌 수 있는 기술에 대해 민감해야 합니다. 그리고 기술이 적용되는 서비스나 제품이 과연 소비자의 선택을 받을 수 있는가에 대한 무수한 고민을 해야 하기 때문에 세상의 새로운 기술과 시장의 변화, 주변 사람들의 생활패턴, 소비의 트렌드에 대한 관심을 많이 갖게 됩니다.

또한 새로운 서비스나 제품에 숨겨진 기술과 그다음 기술의 변화에도 당연히 관심을 두게 됩니다. 결국 세상이 어떻게 변화할 것인가 예측하는 능력이 생기게 됩니다.

당연히 새로운 기술과 제품에 대한 얼리어답터Early Adopter●
가 되어 세상과 적극적으로 소통하게 됩니다.

⟮편⟯ 대표님, 앞으로 기술과 자본이 더 전문화되고 복잡해질
수록 사회는 그리고 우리들의 삶은 어떻게 변할까요?
⟮유⟯ 기술과 자본이 더 전문화되고 복잡해질수록 사회는 더
욱더 인간의 욕구 중심의 직관적인 사회가 될 것입니다. 쉽게
말씀드리면 사람 즉, 소비자 극단의 서비스가 될 거예요. 소
비자의 욕구가 체계적으로 반영된 서비스 중심으로 상용화
될 가능성이 있습니다. 예전에는 인간이 상상만 했던 서비스
가 기술과 자본의 발달로 상용화되어 가는 거죠.

얼리어답터　새로운 제품 정보를 다른 사람보다 먼저 접하고 구매하는 소비자. 제품의 수
용adoption이 다른 사람들에 비해 빠르게, 일찍early 발생하는 사람들을 칭하는 말이다.
뉴멕시코 대학의 에버렛 로저스Everett M.Rogers 교수가 1972년 신제품 커뮤니케이션을
다룬 저서 『혁신의 확산』Diffusion of Innovation에서 처음 사용할 때만 해도 대중에게 알려
지지 못했으나 1995년 이 책의 재판이 나올 무렵 첨단기기시대를 맞아 이 용어도 신조어
로 부상했다. 얼리어답터는 세상의 변화에 민감하고, 호기심이 많으며 관심분야에서 남보
다 앞서서 더 많은 정보를 얻는 것에서 기쁨을 느끼는 소비자이다. 하지만 신제품이라고
무조건 사지 않고 선택적 구매를 하는 차별성을 보인다. 특히 자기만족에 머물지 않고 인
터넷 등을 통해 모임을 만들어 활동하는 것이 가장 큰 특징이다.

하나의 예로, 예전에는 물건을 사려면 시장에 가야 했어요. 2000년대 이후에는 인터넷의 발달로 인터넷쇼핑몰에서 해결하게 되었죠. 직접 상점에 방문하여 시간과 교통비를 지불해야 하는 불편함은 사라졌지만, 인터넷쇼핑몰을 이용하면 택배비가 들고, 물건을 받기까지 시간이 소요되는 불편함도 있어요. 그러나 지금은 물류시스템의 발달로 아침에 주문하면 오후에 받아보는 시대가 되었고, 물품 가격도 직접 방문해서 구매하는 것보다 더 저렴한 경우도 많습니다. 심지어 회원제 서비스를 통해서 배송비를 무료로 이용할 수도 있어요.

이커머스 3강 유료 멤버십 혜택 출처 하겨레 뉴스

	플러스 멤버십 (네이버)	와우 멤버십 (쿠팡)	스마일클럽 (신세계)
이용료	월 4900원	월 4990원	G마켓, 옥션 회원 연 3만원 SSG닷컴 회원 월 3900원
가입자수	700만명	900만명	300만명+알파
주요 혜택	·네이버페이 최대 5% 적립 ·멤버십 데이 상품 할인 ·티빙, 스포티비나우 등 OTT 이용권	·무료배송, 반품 서비스 ·와우 전용 상품 할인 ·쿠팡플레이 무료 이용	·SSG닷컴: 쓱 주문시 5% 적립, 무료 배송, 할인쿠폰 ·G마켓 옥션: 스마일캐시 3만천원 지급 *공통: 스타벅스 사이즈업 2회, 전용 굿즈 구매 혜택

그러나 온라인 쇼핑몰 서비스가 편리해졌다고 해도 여전히 소비자는 여러 사이트의 쇼핑몰을 방문하여 가장 저렴하고 좋은 제품을 찾아야 하는 불편함이 있습니다. 조만간 AI 쇼핑의 시대에 접어들면 나의 소비패턴과 욕구 등을 분석해 가장 적절한 소비 타임과 소비 장소, 그리고 최적의 가격 등을 고려해서 AI가 쇼핑을 대신하는 서비스가 나올 겁니다. 그리고 가장 최적의 가격을 AI가 보장하는 서비스를 제공받게 될 거예요.

이런 단순 상품의 구매에서도 많은 변화가 이루어질 것이고 인간의 욕구에 맞춘 최상의 서비스가 계속 출시되어 인간에게 편리한 삶을 지속적으로 제공할 것입니다.

지금 우리는 '인간에게 극단적인 편리함을 주는 세상이 정말 이상적인가?'라는 질문을 던져야 합니다. 삶의 의미 즉, 여유, 공존의 가치, 지속가능성, 인류애, 환경, 제3세계 등에 대해 여러분이 고민하고 벤처기업과 벤처캐피털리스트가 그 고민을 반영한다면 단순히 편리한 세상을 넘어서서 가치 있고 풍요로운 삶이 여러분의 손에서 만들어질 수 있습니다.

편 벤처캐피털리스트 직업 이야기는 인간주의의 심오한 철학과 감동이 있을 것 같아요. 온 마음과 머리를 동원해서 열심히 공부하겠습니다.

유 청소년 여러분이 살아갈 이 세상, 그리고 미래에 도움이 되는 이야기가 되기를 바랍니다.

VENTURE CAPITALIST

벤처기업이란

벤처기업이란 무엇인가요?

편 벤처기업이란 무엇인가요?

유 혁신적인 기술을 가지고 시장을 장악하는 기업을 벤처기업이라고 해요. 일반적으로 생각하는 것과 좀 다를 거예요. 대부분 벤처기업을 대박 기업이라고 생각하더라고요. 큰돈을 버는 기업을 벤처기업으로 알고 있어요.

사실 대박이라는 말에는 큰 리스크^{risk}가 포함되어 있어요. 보통 하이 리스크 하이 리턴$^{High Risk High Return}$을 벤처기업이라고 해요. 벤처기업을 리스크 측면과 리턴 측면에서만 보면 도박처럼 느낄 수 있어요. 그렇지만 좀 더 깊이 들어가면 달라요.

중소기업이 지속적인 성장과 안정적인 시장을 추구한다면 벤처기업은 기술의 전환점 즉, 새로운 기술과 새로운 플랫폼, 새로운 비즈니스모델을 적용해서 시장을 팽창시키고, 팽창된 시장을 장악해서 수익성을 극대화하는 기업이죠. 그래서 기술과 시장의 변혁기에 혁신적인 벤처기업들이 많이 나타나요.

편 기술을 가진 곳이 벤처기업이군요.

유 단순히 기술이 있다고 해서 모두 벤처는 아니에요. 기술이 있어서 벤처기업이라고 이야기한다면 동네 전파상도 벤처가 될 수 있죠. 우리가 전파상을 벤처기업이라고 이야기하진 않잖아요. 사실 기술이 있는 기업은 많아요.

벤처기업은 혁신성을 바탕으로 시장을 창출하고 시장을 장악할 수 있는 기업이에요. 혁신성은 기술의 혁신성, 새로운 비즈니스의 혁신성 등 다양해요. 사실 기술이 없어도 벤처기업이 될 수 있어요.

편 그런 기업이 있나요?

유 카카오톡KakaoTalk을 예로 들어볼게요. 카카오톡에 특별한 기술이 있는 건 아니에요. 웹에서 모바일로 옮겨가는 시장의 변혁기에 컴퓨터 메신저를 모바일 메신저로 서비스한 거였거든요. 그러면서 시장을 장악했어요. 한 번 장악하고 나니까 사용자들은 그것을 변경하기가 쉽지 않아요. 카카오톡이 그 다음 시장을 또 장악할 수 있는 환경이 된 거죠.

편 벤처기업은 시장의 변혁기에 많이 등장하겠네요. 벤처캐피털도 마찬가지고요.

유 새로운 변혁기를 준비한 벤처기업들이 세상 밖으로 나올 때 자금과 전략을 지원하면서 벤처기업과 함께 성장을 도모

하는 금융기관이 벤처캐피털이에요.

벤처캐피털은 하이 리스크 하이 리턴을 추구하는 모험적인 금융자본이면서 차세대 헤게모니Hegemony 즉, 지배권을 장악할 수 있는 혁신적인 벤처기업을 발굴하고 육성하고 지원하는 금융기관이에요.

최근에는 벤처캐피털이 스타 벤처매니지먼트 회사로 탈바꿈하려는 흐름이 있어요. 앞으로는 연예매니지먼트 회사처럼 기획으로 벤처기업이 만들어질 것 같아요.

예전에는 대학가요제나 강변가요제 참가로 가수가 됐지만, 요즘은 오디션을 통해 가수의 자질이 있는 사람을 뽑고 연예기획사에서 팀을 꾸리고 오랜 연습을 통해 스타를 만들어 대중 앞에 세우는 것이 일반적이잖아요. 이 분야도 벤처 경진대회가 있지만 오래가진 않을 거라고 생각해요. 왜냐하면 그들의 제품과 아이디어를 단순히 심사하거든요.

단순 투자나 발굴하는 게 아니라 혁신적인 벤처기업을 만들어서 전문성 있게 성장시키는 방향으로 가는 거죠. 제 꿈이기도 합니다.

벤처기업의 역사는 어떻게 되나요?

편 벤처기업의 역사는 어떻게 되나요?

유 글로벌 벤처기업과 한국 벤처기업의 역사를 나누어서 살펴보죠. 벤처기업은 기술의 혁신적 발전에 맞추어 발전했습니다. 특히 제2차 세계대전을 거치면서 전쟁을 통해 발전한 군사적 기술이 일상생활에 상업적으로 적용되었고, 벤처기업도 비약적으로 발전하기 시작했습니다. 그리고 1946년 미국 최초의 벤처캐피털ARDC, American Research and Development Corporation의 설립으로 기술 금융이 활성화되면서 본격적으로 벤처의 역사가 시작되었습니다. 국내 벤처기업은 1997년 IMF 외환위기 이후에 당시 정부의 경제 활성화 정책으로 정부의 벤처기업 육성정책과 코스닥 시장이 개설되면서 활성화되었습니다.

물론 세계 1차 대전 때에도 기술의 큰 발전이 있었고, 한국의 경우 IMF 금융위기 이전에도 기술은 꾸준히 발전했어요. 그러나 벤처기업은 벤처캐피털의 모험적인 자금 지원에 맞물려 본격적으로 발전했습니다.

모험적인 자본의 성장은 기술의 커다란 성장과 흥망성쇠를 같이 했습니다.

예전에는 반도체 기술의 발전, 인터넷 혁명, 디스플레이 산

세계 벤처기업의 역사 출처 OpenVC.app

시기	주요 내용
1946년	미국 최초의 벤처캐피털 회사 ARDCAmerican Research and Development Corporation 설립 - 제2차 세계대전 이후 신기술 상용화를 지원하기 위해 시작
1950~60년대	실리콘밸리의 등장: 기술 중심 스타트업 증가 - 페어차일드 반도체, 인텔, HP 등의 초기 혁신 기업 출현
1980년대	PC와 인터넷 기술 발전으로 벤처 투자 급증 - 애플, 마이크로소프트 성장
1990~ 2000년대 초	닷컴 버블 시대: 벤처 투자 붐과 급속한 성장, 그리고 붕괴 - 아마존, 구글 등 생존한 기업은 대기업으로 성장
2008년 이후	모바일·AI 혁신 시대 - 우버, 에어비앤비, 테슬라, 오픈AI 등 다양한 영역에서 유니콘 등장

국내 벤처기업의 역사 출처 OpenVC.app

시기	주요 내용
1997년	IMF 외환위기 이후 벤처 붐 시작 - 정부의 벤처기업 육성 정책, 코스닥 시장 개설
2000년대 초	벤처 거품 붕괴, 구조조정 - 옥션, 다음 등 일부 기업은 성장 지속
2010년대	스타트업 생태계 재정비 및 성장 - 배달의민족, 쿠팡, 토스 등 유니콘 기업 등장
2020년대	K-스타트업의 글로벌 진출 가속화 - 바이오, AI, 핀테크 등 다양한 분야에서 투자 확대 및 IPO 진행

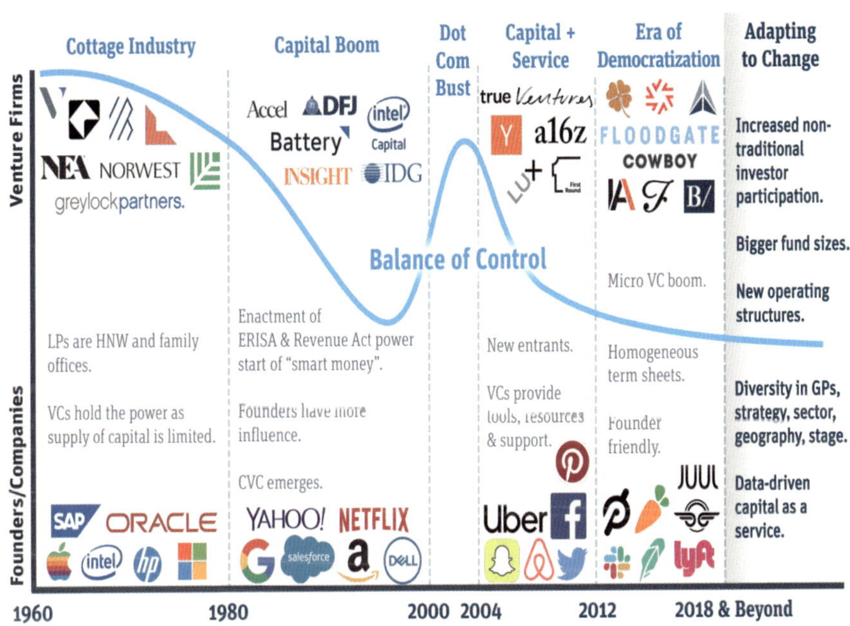

🤝 벤처캐피탈과 벤처기업의 성장 역사

업의 발전, 모바일 혁명 등과 같은 혁신적인 기술혁명이 벤처
기업과 벤처금융의 성장을 이끌었다면, 최근에는 플랫폼 서
비스, AI, 로봇 등이 벤처의 성장을 주도하고 있습니다.

벤처기업은 어떤 역할을 하고 있나요?

편 벤처기업은 사회에서 어떤 역할을 하고 있나요?

유 벤처기업은 산업의 근간이 되는 핵심기술을 대중의 수요와 눈높이에 맞는 제품과 서비스로 만드는 역할을 하고 있습니다.

우리 몸의 혈관, 식물의 열매와 나뭇잎에 수분과 에너지를 공급하는 역할이라고 볼 수 있어요.

벤처기업이 어떤 기술을 보유하고 있는지도 중요하지만, 어떤 고객을 목표로 하는지, 고객의 어떤 수요를 바탕으로, 어떻게 혁신적이고 가치 있는 제품을 만들 것인지, 그리고 그것을 대중에게 어떻게 설득하는지가 매우 중요합니다.

이런 측면에서 보면 마케팅의 영역이 기술 이상으로 중요하다고 볼 수 있어요. 벤처캐피털의 투자 격언 중에 "1등 기술과 2등 마케팅 능력을 갖춘 기업보다는 2등 기술에 1등 마케팅 능력을 갖춘 기업에 투자하라"라는 말이 있습니다.

벤처기업은
어떤 방식으로 운영되나요?

편 벤처기업은 어떤 방식으로 운영되나요?

유 벤처기업은 아이디어 또는 기술을 가지고 있는 창업자와 자금을 가진 투자자가 있어야 합니다.

벤처기업의 출발점에는 언제나 한 사람의 창업자가 있습니다. 이 창업자는 특정 기술에 능통할 수도 있고, 평소에 어떤 분야에 관심을 많이 가지고 있을 겁니다. 그러다가 그 분야의 문제점을 발견합니다. 사람들이 그 문제점으로 고민하는 것을 보고 '왜 그것이 해결되지 않을까?' 생각합니다. 알기 쉽게 영화 이야기를 하면서 벤처기업이 어떻게 만들어지는지 설명해 드릴게요.

할리데이비슨이라는 세계적인 모터사이클 기업이 있습니다. 당시 21살의 윌리엄 할리라는 사람이 자전거를 타고 가다가 바퀴의 체인이 빠져서 고생하죠. 그 순간에 어떤 사람이 자전거를 탄 채로 자동차를 붙잡고 빠른 속도로 가는 것을 보고 아이디어를 얻습니다. '자동차 엔진을 작게 만들어서 자전거에 달면 어떨까?' 그는 친구인 아서 데이비슨과 뒷마당에서 프로토타입의 오토바이를 만들기 시작했습니다. 여

《Harley and the Davidsons》 2016 할리데이비슨의
창업 실화를 바탕으로 한 영화 포스터

러 번 실패를 거듭하다가 아서의 형들이 힘을 보태면서 드디어 자동차 모터가 달린 자전거를 만드는 데 성공합니다.

이처럼 아이디어, 기술, 그리고 창업 멤버들이 결합된 후 투자자를 만나 자금을 확보하면서 벤처기업은 성장의 궤도에 오르게 됩니다.

영화 《The Founder》 2016도 설명드릴게요. 이 영화는 맥도날드의 창업 성공 스토리입니다. 성공의 핵심이 어디에 있는가를 잘 표현한 영화라고 생각합니다. 밀크셰이크 기계 외판원이었던 주인공은 햄버거 장사가 잘 되는 어떤 가게를 발

맥도날드 성공 신화를 담은 영화 <The Founder>의 포스터

견하고 아이디어를 얻습니다. 가게를 확장하고 투자도 받아요. 햄버거 장사도 잘되고 체인점도 늘지만 결국 사업은 망하게 됩니다. 그래서 주인공이 사업《The Founder》전체의 핵심 성공 요소를 다시 검토하고 전혀 다른 전략을 구사합니다. 벤처기업이 어떻게 운영되는지 가장 잘 보여주는 영화 두 편을 알려 드렸습니다. 여러분이 창업, 벤처에 관심이 있다면 반드시 보아야 할 영화입니다. 두 편의 영화 모두 창업자의 이야기지만, 가장 핵심인 투자자를 만나는 이야기도 잘 다루고 있습니다.

그러면 다시 질문으로 돌아가 봅시다. 창업자와 투자자가 만나고 나면 그 이후에는 어떻게 운영될까요?

창업자는 투자라는 형태의 자금을 확보해서 자신의 아이디어와 기술을 바탕으로 한 상품을 만들어 냅니다. 그리고 사업에 성공하면 그 수익을 투자자와 배분하죠. 그래서 투자를 협의할 때 회사의 현재가치를 산정하고 자금을 지급해요. 회사의 지분 가치를 인정받는 거죠.

구체적으로 숫자를 통해 설명해드릴게요.

예를 들면 창업자의 아이디어를 투자자에게 잘 설명해서 투자자가 아이디어의 성공 가능성을 높게 보고 그 가치를 10억 원으로 책정해요. 기술을 상품화하는 데 필요한 10억 원

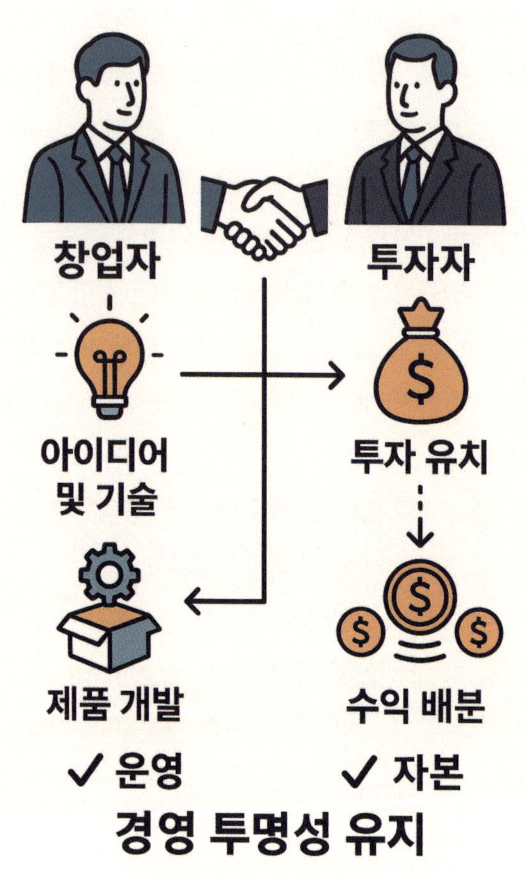

🤝 투자자와 창업자의 관계, AI 생성 이미지

을 투자합니다. 그렇게 되면 창업자와 투자자는 그 사업의 50% 지분을 서로 갖게 되죠. 기업이 나중에 성공했을 때 기업을 매각해서 100억 원의 자금을 회수하게 되면 각각 50억 원씩 나누는 방법입니다. 그리고 공동 경영자로서 회사는 투명한 경영을 해야 하고, 창업자는 최선을 다해야 하는 의무를 갖게 됩니다.

이렇게 벤처기업이 성공적으로 운영되기 위해서는 창업자 관점에서 좋은 투자자를 만나야 하고, 투자자로서는 능력 있고 성실한 창업가를 만나야 합니다.

편 벤처기업과 관련된 다양한 직업군이 궁금해요.

유 벤처기업 내에는 창업자Founder가 있고 이를 돕는 직원들로 구성되어 있습니다. 재무, 생산, 마케팅, 영업 등의 부서를 만들게 됩니다. 벤처기업 외부에는 기술, 마케팅, 회계 등의 컨설턴트와 회계사, 변호사 등이 있습니다. 그리고 벤처캐피털의 벤처캐피털리스트와 벤처인큐베이터 등도 있습니다. 벤처기업에 인력을 공급하는 헤드헌터와 임직원 교육을 담당하는 기업 교육 전문가도 있습니다.

요즘 벤처기업은 제품의 개발과 생산, 마케팅을 모두 회사 내에서 처리하지 않고 아웃소싱outsourcing이라는 방법을 사용합니다. 즉, 회사의 핵심 기능만 내재화하고 그 외에 나머지는 협력업체를 통해 진행하는 거죠. 특히 배송, 물류, 생산 등은 외부 회사와 협력하는 것이 일반적입니다. 이렇게 벤처기업과 관련된 새로운 직군들이 많이 생겨나고 있어요.

좋은 벤처기업, 나쁜 벤처기업의
기준이 있나요?

편 좋은 벤처기업, 나쁜 벤처기업의 기준이 있나요?

유 좋은 벤처기업은 혁신성을 가지고 성장해 나가면서, 많은 고용과 수익을 창출해서 투자자들을 만족시키는 기업이라고 생각합니다.

투자자는 벤처기업의 초기에 많은 위험을 감수해야 하므로 초기 투자자를 Angel Investor라고 부릅니다. 그다음은 벤처캐피털리스트라고 하죠. 기업이 어느 정도 성장해서 코스닥, 나스닥과 같은 공개시장에 상장하게 되면 그 지분을 대중, 소비자들도 쉽게 사고팔 수 있게 됩니다. 그래서 좋은 벤처기업이라면 사람들이 그곳에 취직해서 일을 할 수도 있어야 하고, 회사의 주식을 사서 기업의 실적에 따라 배당도 받고 주식의 가치를 올려 판매하면서 이익도 얻을 수 있어야 합니다.

즉, 좋은 벤처기업은 창업자, 투자자, 직원들, 그리고 고객, 소비자도 만족시킬 수 있는 기업이고 더 나아가 사회적 활동을 통해 소외계층과 환경 등의 문제에도 기여할 수 있어야 합니다.

우리나라 벤처기업이
앞서 있는 분야가 있나요?

 우리나라 벤처기업이 앞서 있는 분야가 있나요?

 우리나라는 인터넷 붐이 일어나던 시기에 다양한 벤처기업이 등장했으며, 특히 Naver와 Daum은 검색 서비스를 중심으로 사업을 확대하며 국내 IT 산업의 기반을 구축했습니다. 이후 스마트폰의 급속한 보급으로 모바일 환경이 정착되면서 카카오, 쿠팡, 배달의민족, 야놀자, 토스 등과 같은 기업들이 새로운 서비스 모델을 제시하며 빠르게 성장했습니다.

네이버 Naver

- 창업 연도: 1999년

- 분야: 포털 서비스, 검색엔진, AI, 콘텐츠 플랫폼

- 특징: 초창기에는 벤처기업으로 시작해 국내 최초의 자체 검색엔진을 개발. 이후 LINE 등을 통해 글로벌 시장 진출.

카카오 Kakao

- 창업 연도: 2010년 카카오톡 출시 기준

- 분야: 메신저, 모빌리티, 금융, 콘텐츠 등

- 특징: 카카오톡을 기반으로 '플랫폼 기업'으로 성장.

  다양한 스타트업을 인수하며 벤처 생태계 확장에 기여.

쿠팡 Coupang

- 창업 연도: 2010년

- 분야: 이커머스

- 특징: 로켓배송 시스템 도입으로 국내 이커머스 시장

  을 재편. 2021년 뉴욕증시에 상장.

배달의민족 우아한형제들

- 창업 연도: 2010년

- 분야: 배달 앱 플랫폼

- 특징: 국내 배달 시장의 판도를 바꾸며 독일 딜리버

  리히어로에 약 4조 원에 인수됨.

야놀자

- 창업 연도: 2007년

- 분야: 숙박, 여행 플랫폼

- 특징: 숙박 예약 플랫폼에서 시작해 글로벌 클라우드

호텔 설루션 기업으로 성장. 소프트뱅크 비전펀드로

부터 대규모 투자 유치.

비바리퍼블리카 토스

- 창업 연도: 2013년

- 분야: 핀테크

- 특징: 간편 송금 서비스로 시작해 종합 금융 플랫폼

  으로 확장. 유니콘 기업 중 하나로 주목.

직방 / 다방

- 분야: 부동산 중개 플랫폼

- 특징: 전통적인 부동산 산업을 IT 기술로 혁신.

  Proptech부동산+기술의 대표 벤처.

리디북스 RIDI

- 분야: 전자책, 웹소설, 웹툰

- 특징: 콘텐츠 플랫폼으로 시작해 유료 독서 문화

  조성에 기여. 창작자 기반 IP사업 확장.

다만 한국의 대표적인 벤처기업 중에 아직 전 세계적으로

서비스를 제공하는 기업은 많지 않습니다. 국내에서 활동하고 성장하는 기업이 많은 상황입니다.

앞으로 성장이 기대되는 분야는 인공지능 AI 분야입니다. 다양한 혁신기업들이 다양한 형태로 노력하고 있고, 조만간 글로벌 서비스를 제공할 수 있지 않을까 기대해 봅니다.

벤처기업은
앞으로 어떻게 변할까요?

편 벤처기업은 앞으로 어떻게 변할까요?

유 앞에서 AI 분야가 기대된다고 말씀드렸어요. 인터넷 혁명을 통해서 수많은 혁신적인 서비스가 네트워크를 통해 확산되었고, 모바일 혁명이 있었기에 사람들의 손안에서 많은 서비스를 제공해 왔습니다.

AI 발전으로 소비자 중심의 서비스가 지능화되고, 고도화될 것으로 기대됩니다. 과거에는 고객의 적극적인 검색을 통해 서비스가 제공되었는데, 스마트폰을 통해 현재 위치 중심의 서비스로 발전하였고, 현재 고객의 특성과 필요를 선제적으로 반영한 서비스가 발전하고 있습니다.

벤처기업은 고객의 특성 분석을 넘어서 특성 추출 알고리즘에 따라 서비스를 재편해 나가고 있습니다. 고객의 언어와 문화, 지역의 한계를 넘어 상품과 소비자를 지능적으로 연결하는 서비스가 제공될 것입니다.

벤처기업은 기술과 시장을 능동적으로 혁신하고, AI를 통해 고도화될 것으로 예상합니다.

VENTURE CAPITALIST

벤처캐피털리스트의 세계

Venture Capitalist

벤처캐피털이란
무엇인지 알려주세요.

편 벤처캐피털Venture Capital과 벤처캐피털리스트Venture Capitalist
에 대한 이해부터 들어가겠습니다. 먼저 벤처캐피털이란 무엇
인지 알려주세요.

유 벤처캐피털은 벤처기업에 모험적인 자금을 제공하는 금
융기관입니다. 보통의 금융기관이 기업이나 일반인을 대상으
로 자금을 예치하고, 대여하여 금융소득을 얻는다면, 벤처캐
피털은 벤처기업을 그 대상으로 진행합니다.

그리고 벤처캐피털은 벤처기업에 자금을 지원하고 그 성공
을 전제로 수익을 배분받는 형태로 투자합니다.

물론 벤처기업들이 노력했지만 성공하지 못하고 실패할 경
우에는 투자금의 손실을 감당해 내야 하는 위험성이 큰 금
융기관입니다. 반면에 성공했을 때 얻는 수익이 많은 High-
Risk, High-Return의 금융기관입니다.

벤처캐피털이 벤처기업에 투자하는 투자금은 펀드의 형태
로 정부, 대형 금융기관 등으로부터 결성하여 운영합니다.

벤처캐피털은 많은 펀드를 결성해서, 혁신적인 벤처기업들
을 발굴한 후, 그들이 잘 성장할 수 있도록 도와줍니다. 벤처

기업을 매각할 때는 투자로 확보한 지분을 현금화하고, 코스
닥 등의 공개시장에 상장하면 지분을 직접 매각해서 현금화
하여 펀드의 출자자들에게 자금을 환원하는 역할을 합니다.

벤처캐피털은 높은 수익을 펀드 투자자에게 환원할 때 성
공보수와 운영 보수를 확보합니다.

벤처캐피털은 유망한 산업 분야에서 성공할 만한 벤처기업
을 잘 선별하여 성장시켜서 그 과실을 얻는 모험적인 농사꾼
입니다.

벤처캐피털의
유래는 어떻게 되나요?

편 벤처캐피털의 유래는 어떻게 되나요?

유 벤처캐피털의 시초는 스페인의 이사벨라 여왕으로 보고 있어요. 여왕은 크리스토퍼 콜럼버스Christopher Columbus에게 돈과 배, 선원을 투자했어요. 바꿔 이야기하면 벤처기업의 시초는 콜럼버스죠. 벤처Venture는 항해에서 나온 단어예요. 옛날에 가장 위험한 것은 항해였고, 모험과 미지의 세계 탐험에서 나온 막대한 부의 획득, 그것이 벤처였어요.

편 콜럼버스가 벤처기업의 시초라는 게 놀라워요.

유 이야기를 들어보면 이해가 될 거예요.

콜럼버스는 이탈리아 직조공의 막내아들로 태어났는데 아주 가난했어요. 동, 서양 할 것 없이 평민들의 가난함은 똑같았죠. 그는 17세에 배를 타고 여행하던 도중 해적의 공격을 받아 탈출하는 과정에서 포르투갈에 정착했고, 지도 만드는 일을 했어요. 리스본 Lisbon에서 지도 제작자로 명성을 날렸죠. 지도 제작자라는 직업은 어떤 의미였을까요? 그가 단순한 지형도를 만드는 게 아니라 모든 정보를 담은 복합 정보지를 만들고 있었다는 걸 의미하죠.

콜럼버스의 직업은 요즘 말로 표현하면 인터넷 정보제공업이에요. 새로운 배가 들어오면 사람들을 초대해 음식을 대접하며 항해에서 얻은 신세계에 대한 정보를 받아 적고 그것을 지도로 표현했죠. 그리고 정보가 필요한 사람에게 지도의 형태로 제공했어요.

콜럼버스는 사업을 꿈꾸고 있었어요. 지도를 만드는 사람이니까 지도출판업을 하려고 했을까요? 아니에요. 콜럼버스가 준비한 새로운 사업은 바로 항해였어요. 어디로 가는 항해였을까요? 모든 사람이 동경해 마지않던 인도였어요. 인도에는 후추와 향신료, 비단이 있었죠. 그전에도 유럽에서 동쪽 길을 따라 인도로 간 사람들은 있었어요. 실크로드를 따라서 몇 개월을 가거나 연근해로 배를 타고 아프리카 대륙을 돌아서 갔어요. 그 길은 오랜 시간이 걸리는 일이었어요.

그런데 콜럼버스는 사람들이 인도에 갈 때 사용했던 동쪽 방향의 길이 아니라 서쪽으로 가려고 했어요. 대서양을 가로질러서 가는 거죠. 왜 그런 생각을 했을까요? 무슨 배짱으로 사람들과 반대 방향인 서쪽으로 가려고 했을까요? 콜럼버스의 선택에는 배짱이 아니라 과학적인 배경이 있었어요. 지구가 둥글다는 이론이죠.

콜럼버스는 최초로 지구가 둥글다는 걸 비즈니스에 적용해서 서쪽으로 갔어요. 옛날에는 대서양을 영어로 검은 대양 Black Sea, Black Ocean이라고 불렀어요. 한 번 가면 돌아오지 않기 때문에 검은 바다라고 했죠. 그쪽으로 가서 돌아온 사람이 없었어요. 그런데 콜럼버스는 서쪽으로 가면 반드시 인도가 나온다고 생각했어요. 지구는 둥글다는 새로운 과학 이론을 믿었기 때문이죠.

그는 왜 모험을 했을까요? 사업을 하기 위해서였어요. 사실 콜럼버스는 모험가가 아니라 사업가예요. 사업에 실패해서 모험가로만 남은 거죠. 콜럼버스는 비즈니스맨이에요.

콜럼버스는 마르코 폴로 Marco Polo의 『동방견문록』을 밑줄 치면서 읽었어요. 그의 롤 모델이 마르코 폴로였거든요. 미지에 대한 꿈을 꾸면서 동시에 인도에서 비단과 금, 후추를 싸게 사 와서 비싸게 팔려고 생각한 거겠죠. 큰 항해선으로 가니까 대량 수송이 가능하잖아요. 큰 사업을 통해서 큰돈을 벌 수 있겠다고 생각한 거죠.

콜럼버스는 배를 타고 두 달 만에 인도에 도착했지만, 그의 원래 계획은 2주 만에 도달하는 것이었어요. 그는 이 2주간의 항해, 즉 왕복 한 달 정도의 여정을 준비하기 위해 6년 동안 사업 계획을 수립하고 지원을 확보하는 데 힘썼어요.

그리고 투자받기 위해 7년 동안 투자자를 찾아다녔어요. 총 13년이 걸린 거죠. 엄청나죠? '왜 그렇게까지 공들여서 준비했을까?'라고 반문할 수도 있지만, 콜럼버스는 설득력 하나로 항해에 필요한 모든 걸 한 번에 얻었어요. 평민인 콜럼버스는 귀족 작위를 얻고 항해에 필요한 선박과 비용, 인력까지 얻었죠.

굉장히 특별한 경우예요. 보통 신대륙을 발견하는 등 국가에 기여를 하면 그 결과로 보상받거든요. 그런데 출발하기도 전에 귀족작위, 제독이라는 칭호를 얻었어요.

도대체 무엇으로 설득했을까요? 콜럼버스는 뱃사람이 아니에요. 뱃멀미를 안 하면 그나마 다행일걸요? 도대체 무엇을 보고 이사벨라 여왕은 콜럼버스에게 필요한 모든 걸 투자한 걸까요? 그동안 대서양을 넘어 대륙을 탐험하고 돌아온 사람이 한 사람도 없었지만, 콜럼버스의 항해가 성공할 것이라는 기대를 준 근거가 무엇이었을까요? 콜럼버스는 진정한 벤처기업가예요. 그는 "지구는 둥글다."라는 과학적 사실을 자신의 사업에 이용했어요.

대서양을 건널 때 노를 저어서 가는 게 아니라 조류와 바람을 이용했죠. 콜럼버스는 지도를 갖고 있었어요. 항구를 시작으로 일정 거리까지 노를 젓고, 어느 지점에서 돛대를 펴고, 또 조류를 따라갈 계획이었어요.

그런데 막상 탐험단이 항해를 시작하고 2주 만에 도착할 거라던 인도 대륙이 두 달이 넘도록 안 나오자, 배 위에서 폭동이 일어났어요. 사실 이사벨라 여왕이 콜럼버스에게 투자한 선원들은 거의 죄수들이었거든요. 이사벨라 여왕도 콜럼버스가 성공할 거라는 100%의 확신이 없었던 거예요. 모두 죽을 거라고 예상하고 어차피 죽을 사람을 보낸 거죠. 그런 사람들만 모여 있으니 무서운 폭동이 일어난 거예요. 콜럼버스가 가장 위험했지만, 그는 신념을 갖고 폭동 주동자들에게 자신의 계획이 맞다는 것을 설득해서 항해를 지속했어요. 결국, 2달이 약간 넘어 신대륙에 도착했죠. 지구를 훨씬 작게 그린 지도 때문에 항해 거리를 잘못 계산했던 겁니다.

콜럼버스는 신대륙이 인도라고 믿었어요. 그래서 그 대륙의 사람들을 아메리칸이 아닌 인디언이라고 불렀죠. 그런데 인디언은 비단옷이나 금귀고리를 하지 않고 있었어요. 후추를 먹지도 않았죠. 건질 게 하나도 없었죠.

콜럼버스는 네 번의 항해를 했는데 조류와 바람을 이용해서 항상 같은 방향으로 갔어요. 콜럼버스의 비즈니스는 완전히 실패했죠. 신대륙에는 금, 비단, 후추 등 아무것도 없었어요. 그런데 노예가 있었죠.

콜럼버스 최악의 오명은 최초의 노예상이에요. 전쟁의 노예와는 달라요. 콜럼버스는 오직 상업목적으로 노예를 갖다 팔았어요. 이사벨라 여왕이 콜럼버스를 신대륙에 보낸 건 선교의 목적도 있었거든요. 그런데 노예장사만 하니까 얼마나 괘씸했겠어요. 결국 콜럼버스는 원주민 착취와 관련된 비판을 받으며 구금되는 등 말년이 순탄하지 않았어요. 그러나 이러한 논란에도 불구하고, 그가 신항로를 개척한 역사적 성과는 여전히 높게 평가되고 있습니다.

콜럼버스가 우리에게 의미 있는 건 최초의 벤처기업가답게 지구가 둥글다는 당시로서는 혁신적인 지식을 사업적 기획에 활용했다는 점입니다. 그리고 그 험난한 모험에서 자기의 힘으로 노를 젓는 것이 아니라 조류와 바람에 대한 정보를 구축하고, 이를 항해에 이용했다는 것이 중요한 사실이죠. 조류와 바람에 대한 정보는 트렌드와 유행이에요. 시장에 진입하려면 우리 자력만으로는 갈 수 없어요. 사람들의 트렌드와 유행, 기술의 변화를 타고 가야 해요.

콜럼버스가 지구의 동쪽으로 항해했다면 역사에 남지 않았을 거예요. 서쪽으로 가는 극단적인 혁신성으로 자금을 얻었기 때문에 콜럼버스를 최초의 벤처기업가라고 이야기하는 거예요. 스페인의 이사벨라 여왕은 콜럼버스가 이야기하는 과학적인 사실을 믿었던 거죠. 콜럼버스가 비단, 금, 향신료를 발견하지 못해 상업적으로는 실패한 벤처기업가이지만 그는 유럽에서 아메리카 대륙으로 가는 새로운 항로를 개척한 선구자입니다.

그의 길을 따라 수많은 문명과 사람들이 소통하는 계기가 되었습니다. 그래서 사람들은 그의 도전을 존경합니다.

편 콜럼버스와 이사벨라 여왕의 이야기가 많은 의미가 있네요.

유 콜럼버스는 이사벨라 여왕을 7년 동안 설득했어요. 여왕은 그의 전문성과 열정을 독려하고 미래와 가능성을 산 거죠. 그래서 돈과 배, 선원을 지원했고, 콜럼버스는 그 대가로 항로를 개척했어요.

이사벨라 여왕이 콜럼버스를 알아본 것처럼 좋은 벤처기업가를 찾는 게 벤처캐피털에서는 중요해요. 사기꾼과 기업가를 구분하는 게 중요한 능력이죠.

벤처기업은 시장의 흐름에 민감하게 반응하고, 혁신성을 바탕으로 기술의 트렌드를 활용해서 새로운 시장을 창출해요. 벤처캐피털은 벤처기업가들이 혁신적인 아이디어와 기술을 상용화해서 새로운 시장을 만들고, 그 시장을 장악할 수 있도록 금융적인 지원을 하는 곳이죠.

또 하나는 전문적인 컨설팅 즉, 멘토링을 통해서 벤처기업이 성장할 수 있도록 도와주는 역할을 해요. 이것이 은행과 가장 큰 차이점이에요.

은행은 서류만 심사해서 대출해주지만, 벤처캐피털은 좋은 사람을 발굴해서 제대로 성장할 수 있게 지원해 주는 중요한 파트너죠.

벤처캐피털리스트는
어떤 일을 하나요?

편 벤처캐피털리스트는 어떤 일을 하나요?

유 첫 번째로 벤처캐피털에서 근무하면서 무수한 벤처기업을 발굴하고, 투자하고 여러방면에서 지원하는 역할을 해요.

두 번째로 펀드를 만들죠. 벤처캐피털리스트는 펀드를 운용하면서 기업을 발굴하고, 투자하고, 투자한 자금을 회수하는 역할까지 해요.

결국 벤처캐피털리스트는 기업의 미래를 사는 직업이죠. 기업의 확정되지 않은 미래, 잠재 가치를 사는 금융가입니다.

쉬운 비유가 있어요. 밭떼기 배추 장사 이야기를 해줄게요. 농사꾼은 봄에 씨앗을 뿌려서 배추 농사를 짓는데 5월이 되니까 농약 살 돈이 떨어졌어요. 1만 평 배추 농사를 짓는데 5월에 돈이 떨어지면 농사를 지을 수 없잖아요. 고민하다가 서울에서 온 밭떼기 배추 장사에게 2천 평을 팔았어요. 농사꾼은 장사꾼에게 2천 평을 어떻게 팔까요? 땅을 파는 건 아니에요. 1만 평은 그대로 농사꾼의 땅이죠. 2천 평에 해당하는 배추의 수익권을 장사꾼한테 파는 거예요.

장사꾼은 2천 평의 배추 싹을 뽑아 가거나, 서울에서 내

려와 직접 농사를 짓는 사람이 아니에요. 다만 농사꾼이 1만 평의 배추를 가을에 농산물 시장에 내놓을 때, 그 수익금의 5분의 1이 장사꾼의 몫이 되는 거죠. 장사꾼이 농사꾼에게 산 2천 평의 배추값은 씨앗 값이 아니에요. 그것보다 훨씬 비싸요. 가을에 배추 한 포기가 1만 원이면 장사꾼은 한 포기당 수익권을 2천 원에 사고, 배추값이 5천 원이면 1천 원에 사죠. 씨앗을 사는 게 아니라 미래의 수익을 사는 것이 밭떼기 배추 장사예요. 농사꾼은 벤처기업가이고, 밭떼기 배추 장사는 벤처캐피털이에요.

밭떼기 배추 장사 비유처럼 아직 확정되지 않은 미래가치를 미리 사고, 그 가치가 미래 시장에서 실현될 수 있도록 지원하는 활동을 하는 거죠.

벤처캐피털리스트는 확률이나 단순한 통계가 아니라 혁신적인 전문성을 가지고 미래가치를 판단합니다. 어떤 사람들은 벤처기업이 성공할 확률은 0.006%라고 해요. 하지만 확률은 중요하지 않아요. 내가 발굴하고 투자한 기업이 실제로 성장할 수 있도록 지원하고 성과를 만들어 내는 것이 중요합니다.

편 한 사람이 펀드 모집부터 회수까지 다 하는 건가요?

유 물론 나누어져 있는 경우도 있지만 한 사람이 전체를 관할해요. 직접 만든 펀드를 책임지면 그가 펀드의 대표 펀드매니저예요. 그래서 실적이 중요하죠. 벤처캐피털리스트도 투자를 받아야 하니까요. 자신의 성과와 전문성을 잘 표현하고, 구축하고자 하는 투자의 성격을 명확히 해야 해요.

벤처기업의 과거, 현재 미래를 설명해서 펀드를 구축하고, 운용하고, 투자금을 회수해서 이익금을 분배하는 과정까지 모두 다 벤처캐피털리스트의 업무 영역이에요.

편 구체적인 업무와 업무 순서에 대해 알고 싶어요

유 벤처캐피털리스트의 업무 순서는 크게 4가지로 분류할 수 있습니다.

1. 펀드 결성 업무
2. 벤처 투자 업무
3. 벤처기업 지원 업무
4. 자금회수 및 펀드 청산 업무

1. 펀드 결성 업무

벤처캐피털이 투자할 재원을 만드는 업무로, 펀드 결성을 위한 제안서를 작성합니다. 펀드의 투자 분야, 펀드의 개요(결성 금액, 운용 기간), 주요 투자 인력의 성과, 혁신적 벤처기업의 발굴 전략, 핵심 투자 분야의 전문성 등의 내용을 펀드 출자자에게 제안합니다.

펀드 결성에 참여할 기관으로는 정부 벤처 모태펀드 Funds of Funds, 대형 금융기관, 공공 연금 운영기관, 국민

연금, 군인공제회 등, 외국계 투자기관, 대기업 등이 있습니다.

2. 벤처 투자 업무

좋은 벤처기업을 발굴하는 것이 가장 어렵고 힘든 일이지만 가장 의미 있고 보람된 일입니다. 벤처캐피털리스트는 많은 창업가를 만납니다. 벤처 경진대회, IR^{Investor Relations} 기업투자유치행사, 대학 및 공공 연구소 등의 기술 발표회, 벤처기업 전시회, 기술 박람회^{Expo} 등을 참석하고 기업들의 설명에 촉각을 곤두세우고 찾아다니며 기업을 발굴합니다. 뉴스와 미디어를 통해 찾아내기도 합니다. 기술의 트렌드와 고객의 동향 파악은 그 무엇보다도 중요합니다.

이렇게 발굴하여 만난 기업을 대상으로 심층 미팅을 진행합니다. 기업의 핵심기술, 핵심역량, 창업자 및 핵심경영자의 능력과 품성, 기업의 고객분석 및 마케팅 전략 등을 경쟁기업들과 비교·분석해서 가장 좋은 기업을 선별합니다.

그 과정에서 산업의 전반적인 맵이 형성되고 때로는 일정 기간 기업의 변화를 추적합니다.

투자를 직접적으로 검토하는 단계로 발전하면 기업의 자금 수요와 전략을 심층분석하고 투자 조건을 협상하게 됩니다. 기업의 가치와 투자금을 산정하게 되면 투자를 진행해서 얻는 투자 지분이 결정됩니다.

모든 협의가 이뤄지면 투자심의위원회를 열어서 펀드를 운영하는 펀드매너저들의 승인을 받고 투자금을 집행합니다. 보통 투자 심의 위원회는 2~3단계를 거쳐서 종합적이고 심도 있는 결정을 합니다.

3. 벤처기업 지원 업무

투자금 집행이 완료되면 사후 관리 업무에 들어갑니다. 사후관리는 기본석으로 투자금 사용이 적절하게 되고 있는지 모니터하고 기업의 경영 실적, 기술개발과 상품 개발, 마케팅, 영업 등의 활동에 대한 모니터가 병행됩니다.

그리고 벤처캐피털은 주주의 일원으로서 회사 경영에 참석해서 주주총회, 주주간담회, 필요시 경영회의에도 참여하고 실무 이사를 파견합니다.

그리고 마케팅, 해외 진출, 기술개발 등에 전문적인 지원을 하고 외부 위탁을 통해 지원하기도 합니다.

그리고 추가적인 자금의 지원과 후속 투자유치 활동의 지원도 담당합니다.

벤처기업 입장에서는 핵심 기술개발과 마케팅 외의 상당 부분을 함께할 수 있어서 좋은 벤처캐피털을 파트너로 맞는 것이 매우 중요합니다.

4. 자금회수 및 펀드 청산 업무

벤처기업이 성장하면 대기업에 매각하거나, 주식시장에 상장함으로써 창업자뿐만 아니라 투자자들도 보유 지분을 쉽게 현금화할 수 있습니다.

대기업에 회사를 매각하는 협의 과정은 매우 길고 복잡합니다. 공개 주식시장에 상장하는 절차 또한 쉽지 않기 때문에, 회사의 경영진과 벤처캐피털, 회계법인, 상장을 돕는 증권회사 등이 긴밀하게 협의합니다.

이렇게 투자 지분을 성공적으로 회수하면, 벤처캐피털은 회수된 투자금을 펀드에 귀속시켜 펀드 결성에 참여한 기관들에게 배분합니다.

보통의 경우 펀드의 운영기간은 7~10년 정도예요. 투자가 이루어진 벤처기업의 자금은 5~7년 사이에 회수합니다.

펀드는 백억 원부터 이천억 원까지 다양한 규모를 가지고 있고 펀드별로 5~10개 내외의 벤처기업을 운영합니다. 이것을 펀드의 포트폴리오라고 표현합니다.

벤처캐피털의 벤처기업 투자 실적은 그다음의 펀드 결성에 있어서 매우 중요한 기준이 됩니다. 대표 포트폴리오로 활용되는 거죠.

비슷한 직업이 있나요?

편 비슷한 직업이 있나요?

유 주식이나 선물옵션에 투자하는 사람과 비슷해요. 미래를 예측하고 어떤 상품에 투자해 결실을 얻는다는 점은 비슷하지만 분명한 차이도 있어요.

벤처캐피털리스트는 투자한 기업의 성장을 위해 직접 참여하고 지원하기 때문에, 불확실성에만 의존하는 도박과는 달라요. 우리의 선택이 올바른 결정이 될 수 있도록 옆에서 계속 도와주죠. 어떤 문제가 발생했을 때 같이 대응하기 때문에 증권사 펀드매니저나 선물옵션 투자자와는 달라요.

투자자라는 측면에서는 선물·증권·옵션·투자자와 비슷하지만, 선택에 대해서 직접 책임지고 결실이 나올 수 있도록 벤처기업과 같이 뛰고 있다는 점에서 다른 거죠.

투자중개업 브로커라는
오해도 있는 것 같아요

편 정부예산을 사용하는 투자중개업 브로커라는 오해도 있는 것 같아요.

유 벤처캐피털 업계의 자금이 모두 정부 예산에만 의존하는 건 아니에요. 하지만, 이 업계가 자기 목소리를 내려면, 민간자본이 많이 들어와야 해요.

단순히 자금을 베팅하는 게 아니라, 성장 가능성이 있는 좋은 기업을 선별해 투자하고 직접 관리하기 때문에 브로커와는 엄연히 달라요. 브로커는 단순히 거래만 중개하고 빠지잖아요.

벤처캐피털리스트는 선택에 대한 책임을 같이 져요. 투자의 성과를 내기 위해서 함께 노력한다는 측면에서 벤처캐피털리스트와 브로커는 차이가 크죠.

업무 분담을 어떻게 하나요?

편 업무 분담을 어떻게 하나요?

유 벤처캐피털의 업무 분담은 투자와 사후관리, 경영 지원 파트로 구성되어 있습니다.

투자 파트는 산업별로 전문 인력이 활동합니다. 게임/영화/콘텐츠, 환경/에너지, IT/AI/플랫폼, 바이오/의학 같은 다양한 분야가 있고, 초기 스타트업 분야에 집중하여 활동하기도 합니다.

사후관리 파트는 벤처기업 내에서 발생하는 법률, 회계 등의 문제에 대응하고 전담하는 분야입니다.

경영 지원 파트는 펀드를 새로 만들거나 마무리하는 일처럼, 펀드 운영과 관련된 업무를 전문적으로 도와요. 또한 벤처기업을 지원하는 다양한 일도 함께 맡고 있어요.

벤처캐피털은 5~10개의 펀드를 운영하는데, 각 펀드에는 대표 펀드매니저와, 일반 펀드매니저가 지정되어 있어 있습니다.

업무 강도는 어떤가요?

 업무 강도는 어떤가요?

 벤처캐피털리스트는 각각 운영하는 펀드가 있고 각 펀드의 고유 목적에 따라서 분야와 전문성이 달라집니다. 그래서 각 펀드마다 운영을 위한 전문 인력과 인맥 등을 다르게 구축해야 합니다.

특히 벤처캐피털리스트는 전문 기술에 대한 안목과 지식이 있어야 하므로 지속적인 자기 계발이 선행돼야 해요. 특정 벤처기업을 발굴하게 되면 기업의 성공 가능성을 검증할 때 많은 전문가의 자문을 구하기도 하고, 경쟁사와 비교·분석을 진행하기 때문에 업계에서의 경험과 인맥이 그 어느 직업군과 비교할 수 없을 만큼 중요합니다. 벤처캐피털리스트는 자신이 직접 발굴하고 투자한 기업에 대해 분명한 권한과 책임을 갖고 있어요. 업무로 인한 어려움은 투자한 벤처기업이 잘 성장하면 전부 해결되지만, 기업이 어려움을 겪게 되면 벤처캐피털리스트의 고민도 늘어나고 업무도 힘들어집니다. 자녀를 키우는 부모의 관점에서 어떤 자녀를 입양해서 어떻게 성장시킬 것인가를 결정하는 것과 같다고 생각하시면 됩니다.

외국 벤처캐피털리스트와
차이가 있나요?

편 우리나라와 외국 벤처캐피털리스트와 차이가 있나요?

유 외국과 우리나라의 벤처캐피털에 특별한 차이는 없습니다. 국내 벤처캐피털 중에는 해외 지사를 통해 직접 해외에 투자하는 곳도 많아요.

또 국내의 유니콘 기업(빠르게 성장한 대형 벤처기업)에 해외 벤처캐피털과 함께 공동 투자하는 경우도 많기 때문에, 업무 수행 방식이나 활동 영역은 크게 다르지 않아요.

펀드 결성 단계에서 국내 기관을 중심으로 펀드를 결성하느냐, 해외 기관을 대상으로 결성하느냐 정도의 차이입니다. 또한, 투자 대상이 국내 기업이냐 외국 기업이냐 정도의 차이가 있을 뿐입니다.

우리 사회에 꼭 필요한
직업일까요?

편 벤처캐피털리스트가 우리 사회에 꼭 필요한 직업일까요? 사회적인 필요성을 이야기해 주세요.

유 은행 등과 같은 제1금융권은 담보 투자만 하잖아요. 새로운 시장에 대한 새로운 시도를 누군가는 지지해 줘야 하는데 일반 금융이나 일반 사람들이 이해하기 힘든 전문 영역이 존재해요.

벤처기업의 기술을 이해하고, 그들이 그리는 새로운 시장과 상품, 서비스를 쫓아가며 가상의 세계를 예측하고 투자를 지원한다는 면에서 기술 금융이라고 부르는 거죠. 우리 사회가 전환기에 접어들어 새로운 시장을 창출하고 새로운 소비자의 요구와 새로운 산업을 이끌어야 할 때 산업의 아방가르드Avant-Garde 즉, 산업 혁신기에 최전방 전위대 역할을 하는 금융기관이라는 중요한 의미가 있어요.

사회적인 필요성에 대해서 질문하셨죠? 우리에게는 모험적인 시도가 필요해요. 그래야 사회가 변화될 수 있죠. 그 모험에 벤처기업가와 벤처캐피털리스트가 동행하는 거예요.

만약 콜럼버스에게 이사벨라 여왕이 없었다면 신대륙 발견은 훨씬 오래 걸렸을 거예요. 이사벨라 여왕이 있었기 때문에 새로운 대륙과 문명을 발견할 수 있었죠. 이렇듯 모범적인 금융자본과 혁신적인 벤처기업가들이 함께 해야 우리 사회도 성장할 수 있어요. 벤처캐피털의 사회적인 의미는 새로운 시장 개척을 주도하는 금융기관이라는 점에 있어요.

업무 평가는 어떻게 받나요?

편 업무 평가는 어떻게 받나요?

유 업무 평가는 매년 진행돼요. 좀 더 구체적으로는 분기마다 포트폴리오 보고서를 만들어 각 기업의 실적을 점검하고, 전망도 함께 정리해요. 만약 어떤 기업의 실적이 좋지 않으면, 그 원인과 해결 방안을 담은 별도의 보고서를 작성하기도 해요.

매년 신규 투자의 포트폴리오 기업과 투자 금액, 그리고 회수 실적이 업무 평가의 항목입니다.

그리고 각 포트폴리오의 투자자금 회수에 대한 수익률이 주요 실적이고요.

아직 회수하지 않은 포트폴리오에 대해서는 예상 투자수익률을 예측해서 보고하고 연 단위로 관리합니다. 벤처캐피털리스트의 투자 실적은 연봉 평가, 승진 등의 핵심 자료로 활용되며, 이직할때도 중요하게 평가됩니다.

직업병이 있나요?

 직업병이 있나요?

 기업들을 분석하는 업무이기 때문에 기술의 트렌드와 시장의 동향에 매우 민감합니다.

그리고 투자 대상이 되는 벤처기업이 투자자에게 항상 모든 정보를 솔직하게 공개하는 건 아니에요. 기업의 실적과 전망에 대해 과장과 허수가 있을 수 있기 때문에 기업이 주장하는 내용을 잘 검증하는 것이 벤처캐피털리스트의 주요 업무입니다. 투자한 벤처기업이 어려움을 겪게 되면 그 위기가 그대로 벤처캐피털리스트에게 전달되기 때문에 기업과 시장의 동향에 매우 민감하다는 게 직업병입니다.

 스트레스를 해소하는 방법이 있나요?

 투자 포트폴리오 기업의 실적이 안 좋을 때 스트레스 받는데, 이 스트레스를 푸는 방법은 기업과 더욱 긴밀하게 움직이면서 같이 문제를 같이 적극적으로 푸는 거예요. 그런 노력을 하다 보면 스트레스가 줄어드는 편입니다.

투자한 기업이 어려움에 부닥치면 문제의 근원에 대한 적극적인 대응이 가장 중요합니다.

특히 미래의 불확실성에서 오는 스트레스는 새로운 기술
과 제품을 적극적으로 모니터하고 활용해 보려는 노력으로
많이 해소합니다.

새로운 벤처기업을 만나고, 또 새로운 도전을 경험하는 일
이 오히려 저에게는 스트레스를 푸는 방법이기도 합니다.

처우나 복지는 어떤가요?

편 처우나 복지는 어떤가요?

유 임금은 연봉 협상을 통해 개개인의 과거 실적에 근거하여 협의하며, 기본 연봉 협상 금액에 펀드 운용 성과에 의한 성과급을 추가로 산정합니다. 펀드를 결성할 때 대표 펀드매니저, 책임 펀드매니저가 되면 특별 수당을 받기도 합니다.

펀드 운용 성과에 따른 성과급은 펀드가 최소 기준 수익률을 초과하여 실적을 달성했을 때 산정됩니다. 이 경우 펀드를 운용하는 벤처캐피털은 전체 수익의 약 10~20%를 성과 보수로 받게 됩니다. 또한 벤처캐피털이 확보한 이익의 절반은 펀드를 직접 운용한 매니저들에게 배분하도록 규정되어 있습니다.

연봉의 몇 배에 해당하는 성과급을 받는 경우도 많고, 전설적인 성과급을 받는 경우도 자주 발생합니다.

이 직업의 매력을 알려주세요

편 이 직업의 매력을 알려주세요.

유 첫 번째는 세상을 설계하고 그림을 그릴 수 있는 최고의 직업이죠. 어떤 게임이 좋다고 생각하면 그 게임을 만든 사람을 찾아서 투자하면 돼요. 이런 제품이 좋다고 생각하면 그런 제품을 이야기하는 사람을 찾아서 투자하고, 후원하면 돼요. 굉장히 재미있고, 자유로운 직업이죠.

돈은 혈액에 비유할 수 있어요. 새로운 생장점에 집중적으로 혈액 즉, 자금을 공급해서 그것을 성장시키는 혈액순환기구가 벤치캐피털이에요. 그렇기 때문에 원하는 세상을 만들어 갈 수 있죠. 함께 할 수 있는 사람을 발굴해서 세상을 그리고 미래를 꿈꿀 수 있는 의미 있는 직업이에요. 벤처캐피털리스트처럼 변화에 민감하고, 새로운 산업과 흐름을 주도하는 직업은 흔치 않아요.

두 번째 매력은 미래지향적인 금융기관에서 일하기 때문에 자유로운 사고를 할 수 있다는 거예요. 일주일에 4~5일은 밖에서 활동하고 사람을 만나면서 많은 새로운 미래를 꿈꾸죠. 어떤 제품이나 서비스가 시장에 나오면 제일 먼저 시연해 볼 수 있는 직업이기도 해요. 시장에 나오기 전에 새로운 제품과 기술, 서비스를 미리 접할 수 있죠. 그래서 굉장히 재미있고 자유로워요.

그 대신 무조건 열심히 한다고 해서 결과가 나오는 일은 아니에요. 고도의 감각이 필요한 직업이죠.

편 벤처캐피털리스트가 아이템을 먼저 제시하는 때도 있나요?

유 가장 쉽게 제안하는 건 연관성 있는 두 개의 벤처기업을 합병하는 거예요. "당신의 기술은 한계가 있는데 다른 곳의 기술과 합병하면 경쟁력을 갖출 수 있다."라고 제안하죠. 좋은 기업가가 있으면 아이디어, 자본, 네트워크를 모두 제공하기도 합니다.

벤처캐피털리스트에게
가장 중요한 것은 무엇일까요?

편 벤처캐피털리스트에게 가장 중요한 것은 무엇일까요?

유 미래에 대한 선한 의지를 바탕으로 미래 기술과 시장, 그리고 트렌드를 읽어내는 통찰력이 필요합니다. 여기에 다양한 사람들과의 네트워크를 구축하는 역량과, 시장 구조를 설계할 수 있는 기획력 또한 매우 중요한 요소입니다.

편 미래에 대한 선한 의지가 구체적으로 무엇인가요?

유 돈을 잘 버는 게 전부라고 생각하는 것이 아니라 우리가 사는 세상에서 결국 선이 이긴다는 확신 같은 거예요. 자본주의가 발달했다고 해서 선한 사회인가요? 그렇지 않아요. 금융의 방향에 의해서 자본주의의 미래가 결정되는데 보통 자본주의의 미래는 암담해요. 최전방에서 움직이는 금융자본의 운영자와 자본가들이 미래에 대해 선한 의지를 갖는 게 중요하다고 생각해요.

자본을 통해서 모든 사람이 행복해져야 한다는 신념이 중요해요. 소수의 행복만을 위한 유토피아가 아니라 금융자본을 통해 인간이 인간답게 사는 선한 세상으로 갈 수 있다는 신념을 가져야 합니다.

예전에는 기업의 사회적 책임CSR, Corporate Social Responsibility에 대한 개념이 있었다면 요즘은 공유 가치 창출CSV, Creating Shared Value라는 개념으로 전환되고 있습니다.

편 기업의 사회적 책임에 대해 예를 들어 쉽게 설명해 주세요.

유 기업의 사회적 책임, CSR은 기업은 사회적 책임이 있기 때문에 사회에 봉사해야 한다는 개념이에요. 그래서 직원들이 1년에 1~2회 지역 봉사를 간다거나 당기순이익에서 일부를 사회단체에 기부하는 회사들이 더러 있습니다.

그러나 이것은 주주의 입장과는 반대되는 거예요. 당기순이익을 빼서 봉사하고 기부하기 때문이죠. 그래서 주주들에게 기업의 사회적 활동을 통해 기업이나 제품의 이미지가 높아지면 더 많은 성과와 수익이 날 거라고 이야기해요.

그리고 기업의 사회적 책임, CSR의 또 다른 형태가 사회적 기업이라는 관점에서 설명할 수 있어요. 사회적 기업은 보통 사회적 배려가 필요한 사람들을 위한 회사를 말해요. 예를 들면 장애인을 고용하여 비누를 생산하고 판매하는 회사 등이지요. 그러나 이러한 회사는 혁신성을 통한 성과를 내기가 쉽지 않은 것이 현실입니다.

이런 흐름 속에서 주목할 만한 새로운 시도는 기업이 수익을 내면서 동시에 사회에 좋은 영향을 주는 방식이에요. 이처럼 이윤과 사회적 가치가 함께 실현되는 개념을 '쉐어드 밸류Shared Value 공유가치'라고 해요. 이런 공유가치의 비중이 높은 회사를 키우는 것이 앞으로 매우 중요해요.

경마라는 일종의 도박 시스템을 만들어서 돈을 많이 번 다음 그중에 수익의 일부를 어려운 사람에게 기부하는 전형적인 기업이 한국마사회예요. 로또복권도 마찬가지죠. 이게 기업의 사회적 책임, CSR 하나의 예인 기업이에요. 말이 경기를 열심히 뛴다고 해서 사회가 이롭게 되는 건 아니잖아요. 누군가는 패가망신하는데 그 수익금 중에 일부를 좋은 일에 쓴다는 게 사회적으로는 큰 의미는 없지요. 누군가 가슴 아프게 잃은 돈을 가지고 선한 일을 할 수는 없으니까요.

물론 삼성, LG, SK와 같은 세계적인 대기업들은 다양한 사회공헌 활동을 하고 있습니다. 다만 이러한 봉사와 기부 활동은 기업의 본래 목적과는 일치 하지 않는 부분이 있어요.

공유가치 창출, CSV는 어떤 기업이 특별한 기부는 하지 않더라도 그 일을 함으로써 사회적으로 소외계층이 없어지는 사업을 의미해요. CSV를 강조하는 회사들을 좀 더 발굴해서 키워보고 싶어요.

투자한 회사 중에 초음파 무선 진단기 회사인 '힐세리온'이라는 곳이 있는데 아이디어 단계부터 투자했어요. 전 세계 의사의 90%가 청진기 하나밖에 없는 열악한 환경에서 진료한다는 거예요. 그래서 제2의 청진기처럼 초음파 진단기를 주머니에 넣고 다니면서 진료할 수 있게 만들고 싶다고 했죠. 영상 장비와 연결해서 스마트폰이나 스마트 패드로 보면서 진료하고 전송도 하는 개념이에요. 이런 경우가 기업이 기술의 혁신을 통해서 세상을 이롭게 하는 대표적인 예죠.

편 그런 기업을 찾는 게 쉽지 않을 것 같아요. 이것도 하나의 능력이겠어요.

유 이런 회사를 발굴하고 투자하는 벤처캐피털리스트가 되어야 해요. 1불짜리 말라리아 진단키트를 만드는 기업이 있어요. 이런 기업을 발굴하고 성장시키면 세상을 더 밝게 비추면서 돈도 벌 수 있다는 거죠. 벤처캐피털리스트는 이런 가치를 꿈꿔야 해요. 이게 바로 미래에 대한 선한 의지죠. 돈 버는 걸 목적으로 해서는 안 돼요.

그리고 벤처캐피털리스트에게 중요한 또 한 가지! 자금을 만지기 때문에 투명성이 필요해요. 정직함이 정말 중요하죠.

이 일을 얼마나 오래 할 수 있느냐의 기준은 투명성이에요.
정직함이 직업윤리죠.

편 돈의 유혹에 빠질 수 있겠네요.

유 투자금은 내 돈이 아니잖아요. 내 돈이면 정직함이 중요
하지 않을 수도 있어요. 그렇지만 펀드를 통해서 운영하기 때
문에 정직한 정신, 선량한 관리자의 마인드가 중요해요.

이 직업을 잘 표현한
소설이나 영화, 드라마가 있나요?

편 이 직업에 대해 잘 표현한 소설이나 영화, 드라마가 있나요?

유 대성창업투자사에 있을 때 창투사^{창업투자사}를 배경으로 드라마를 찍으려고 방문한 작가가 있어요. 이 일은 변화무쌍한 직업이지만 드라마를 찍을 만한 소재는 아닌 것 같아요. 생각보다 순수한 일이에요. 속임수가 통하는 일이 아니거든요. 드라마는 권모술수가 들어가야 기승전결이 만들어지고 재미있는데 이 일은 그렇지 않아요. 성공시키기 위해서 고민하고, 선택하고, 열심히 노력하기 때문에 너무 순수한 거예요. 기업을 망하게 하고 가능성이 없는 기업을 극적으로 성공시키는 내용으로 꾸밀 수가 없어요. 그래서 이 일을 소재로 한 소설이나 드라마는 현재까지 없어요.

벤처캐피털의
투자 성공 사례를 들려주세요

편 벤처캐피털의 투자 성공 사례를 들려주세요.

유 대표적으로 카카오톡이 있어요. 예전에는 이동 통신사들이 문자서비스를 통해 이익을 얻었어요. 문자 한 통당 얼마씩 받았죠. 그런데 카카오톡은 고객들이 별도의 문자메시지 서비스를 이용하지 않아도 마음껏 문자메시지를 주고받을 수 있는 서비스를 제공했죠.

결국 이동 통신사들과 카카오톡의 소송 전으로 번졌어요. 이동 통신사 입징에서는 자기네 통신망을 통해서 공짜로 서비스를 제공할 수 없다고 했죠. 결국 카카오톡이 이겼어요. 굉장한 이슈가 되었죠.

큰 흐름 즉, 세계가 웹 기반에서 모바일 기반으로 간다는 측면에서 카카오톡은 성공할 수밖에 없었어요. 그 서비스를 전문적으로 제공하는 플랫폼 사업자가 시장을 장악하고 법적으로 아무 문제가 없다고 판결 나는 순간, 카카오톡은 이미 거대 사업자로 커져 있었죠. 만약 법원이 이동통신사 손을 들어줬다면 이 서비스는 완전히 실패했을 거예요. 그런 위험 속에서도 카카오톡에 투자한 투자자들이 있었고, 그 투자자들의 협력을 통해 정상에 올라갈 수 있었던 곳이 카카오톡이에요.

우리가 잘 아는 골프존도 그런 케이스예요. 벤처캐피털 업계에서 아주 유명한 이야기가 있어요. '기술력 1위, 마케팅 능력 2위인 기업에 투자하느니 기술력 2위, 마케팅 능력 1위인 기업에 투자해라.' 이게 업계의 정설이에요. 그 예가 골프존이죠. 골프존은 타격 시뮬레이션 엔진이에요. 사실 시뮬레이션 엔진만으로는 경쟁 제품인 앨버트로스가 더 좋다는 평가가 많았어요. 예전에는 앨버트로스가 시장에서 성공했고. 골프존은 무너지려고 했죠. 그러나 골프존은 벤처캐피털로부터 거액의 투자를 받아 큰 성장을 이루었죠.

앨버트로스는 시뮬레이션 엔진 기술에 대한 자부심이 강했어요. 그래서 시장을 제대로 보지 못했죠. 골프존은 재미 요소가 강했어요. 기업은 고객을 바라보는 게 중요해요. 기술만 바라봐서는 안 되죠. 상품이나 서비스의 밑바탕에 있는 기술은 중요하지 않아요. 시장과 고객에게 맞는 서비스와 상품이 중요하죠. 기술이 우수하면 무조건 성공한다는 순진한 생각을 해서는 안 돼요. 고도의 시장 마케팅이 더 중요하죠.

레저 산업이 성장하고 골프가 유행하는데, 골프장은 쉽게 접근하기 어려웠어요. 하지만 골프를 즐기려는 사람은 계속

늘었고, 그래서 누구나 쉽게 체험해 볼 수 있는 시뮬레이션 골프에 대한 시장의 수요가 생겼죠. 그것을 기술 중심의 서비스로 제공하기 위한 벤처캐피털의 자본력과 2등 기술, 1등 마케팅의 벤처기업이 결합해서 시장을 장악한 거죠. 골프존은 대전이 낳은 최고의 벤처기업이면서 이제는 세계 최고의 골프 시뮬레이션 업체가 되었습니다.

벤처기업과 벤처캐피털이 잘 맞아서 성공한 회사가 이 두 회사예요.

편 벤처캐피털의 역할이 컸다고 생각하세요?

유 자본력이 있으니까요. 망하기 직전의 회사가 뜨기 시작한 거죠. 그만큼 자본의 역할이 중요한 것 같아요. 사실 1등 기술이 아닌 2등 기술에 투자한 거잖아요. 이성적으로 생각하면 1등 기술에 투자하는 게 맞잖아요. 그런데 감각이 더 중요했던 거죠. 2등 기술이라 하더라도 감각 있는 골프존 대표와 손을 잡은 거예요. 그런 벤처캐피털이 있어서 성공할 수 있었던 거죠.

편 골프존은 거의 망해가는 시점에 투자 해서 성공했다고 하셨는데 카카오톡은 어느 시점에 투자가 이루어진 건가요?

유 골프존은 기술적인 부분에서 암울했지만, 카카오톡은 정책적인 부분에서 암울했어요. 사실 카카오톡은 벤처캐피털의 투자를 받아서 상황을 돌파한 거예요. 작은 벤처기업이었다면 대기업의 압박에 그냥 무너졌겠죠. 그런데 기관투자자들이 뭉쳐서 카카오톡을 지원하니까 대기업이 함부로 못 했던 거죠. 화장품 회사인 미샤도 벤처캐피털이 투자했어요. 보통 벤처캐피털은 기술을 보기 때문에 유통에 투자를 안 하는데 기술이 아닌 유통에 투자해서 성공한 사례예요.

미샤 대표는 화장품 유통에서 광고비 비중이 너무 커서 그 돈을 결국 소비자가 지불하는 부분에 대해 고민했죠. '마케팅 비용을 줄이고 질 좋은 제품을 고객에게 싸게 팔면 안 될까?' 고급 화장품, 양질의 화장품을 소비자에게 직접 연결하는 유통채널을 만들자고 해서 미샤를 만든 거예요. 벤처캐피털이 투자했고 결국 미샤는 크게 성공했어요. 원래 화장품 마케팅은 방문판매 조직을 이용했어요. 그런데 모든 유통채널을 없애고 입소문만으로 저렴한 화장품을 판매한 미샤의 새로운 마케팅 방법에 벤처캐피털이 투자한 거죠.

이렇게 기술도 중요하고 마케팅, 새로운 플랫폼이 중요한 시대예요.

새로운 플랫폼에 관해 설명해 주세요.

편 벤처기업에 대해 말씀하시면서 플랫폼이라는 이야기를 많이 하셨어요. 새로운 플랫폼에 대해 쉽게 설명해 주세요.

유 새로운 플랫폼을 이해하려면 비즈니스모델에 대해 짚고 넘어가야 해요. 이 책을 읽는 청소년 여러분에게 중요한 내용입니다.

1세대 비즈니스모델은 자급자족. 즉, 내가 만들고 내가 쓰는 거였어요.

2세대는 내가 만들어서 누구에게 파는 비즈니스죠. 산업사회가 여기에 해당해요.

3세대는 인터넷 혁명. 웹사이트를 개설하면 많은 사람이 봐요. 내가 만들면 다른 사람이 쓰고 광고를 해서 다시 돌려주는 식으로 한 사이클을 돌려요. 소비자와 구매자, 사용자가 구분된 시장이 3세대 비즈니스예요.

4세대 비즈니스는 뫼비우스의 띠 같아요. 대량의 생산자와 소비자가 연결된 플랫폼이에요. 플랫폼은 정거장이잖아요. 정거장은 많은 기차들이 오가고 다양한 곳으로 가려고 하는 사람들을 연결해 주는 곳이죠. 무수히 많은 생산자와 소비자가 연결되는 플랫폼. 어느 순간 생산자가 소비자가 되고 소비자가 생산자가 되는 뫼비우스의 띠 같은 4차원 플랫폼. 이제 4세대 플랫폼 시대가 와요.

4세대 플랫폼의 사업자는 기차를 만들지 않아요. 정거장을 만들죠. 공항 비즈니스와 비슷해요. 우리는 공항을 만들고 비행기는 안 만들죠. 항공사도 아니에요. 무수히 많은 항공사가 들어올 수 있게 제반 시설을 만들죠. 플랫폼 비즈니스는 공항처럼 네트워크가 갖춰져야 해요. 사실 인터넷은 일방적인 매체 중 하나예요. 그런데 모바일 플랫폼은 소비자의 역량이 더 직관적이고 강하죠. 그들을 향한 어떤 커뮤니티 서비스 즉, 카카오톡 같은 게 바로 플랫폼 서비스예요. 무수히 많은 사람이 콘텐츠를 생산하는 플랫폼 서비스가 4차원 비즈니스죠.

이 직업의 전망은 어떤가요?

편 이 직업의 전망은 어떤가요?

유 기술이 고도화되어 인간의 삶이 더욱더 편리해지고 풍족해진다면 이런 변화를 주도하는 것은 결국 새로운 서비스와 제품들이에요. 이러한 서비스와 제품은 혁신적 벤처기업을 통해 등장하게 됩니다. 그러한 기업의 발굴과 성장은 벤처캐피털리스트를 통해서 이루어지므로 벤처캐피털리스트라는 직업은 미래 산업과 인간 사회에 매우 의미 있고 가치 있는 직업입니다.

AI와 로봇 등의 시대에 많은 일자리가 사라질 수 있지만, 벤처캐피털리스트는 기술의 동향을 바탕으로 유능한 창업자를 발견하고 그들이 만들어갈 세상을 예측할 겁니다. 벤처캐피털리스트가 기업의 가치를 산정해서 투자하고 관리하여 성과를 내는 과정은 뛰어난 감각과 가치판단이 매우 많이 작용하는 영역입니다.

이 직업은 자동화나 인공지능으로 대체되기 어려운 분야이기 때문에 세상이 변할수록 더욱더 가치가 높아질 거라고 생각합니다.

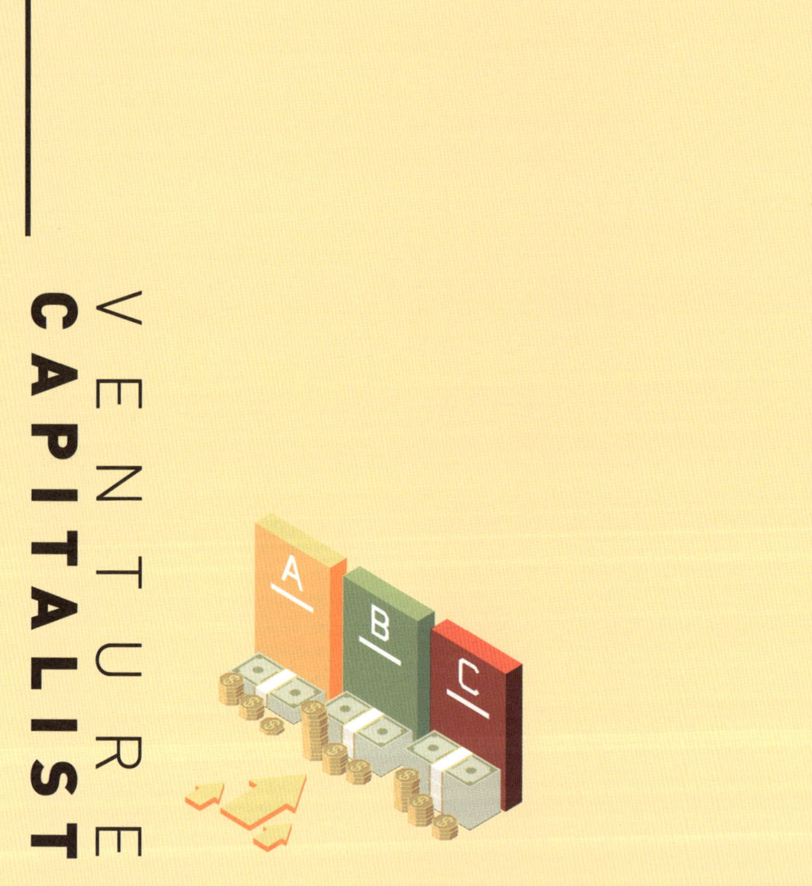

VENTURE
CAPITALIST

벤처캐피털리스트가 되는 방법

벤처캐피털리스트가
되는 방법을 알려주세요

편 벤처캐피털리스트가 되는 방법을 알려주세요.

유 벤처캐피털리스트가 되는 방법은 여러 가지예요. 그러나 대졸 신입 사원으로 들어오는 경우는 거의 없고 관련 산업에서 경력을 쌓은 사람들이 주로 들어옵니다. 벤처캐피털리스트는 비행기 조종사와 같아서 훈련시키려면 많은 예산이 필요합니다. 그래서 신입 사원은 잘 안 뽑고 해당 분야에서 경력을 쌓은 사람을 뽑으려고 하죠.

우선 상경계에서 오는 친구들이 있어요. 경영, 경제를 전공한 친구들이죠. 증권사 애널리스트를 하다가 들어오는 경우가 제일 많아요. 산업의 흐름과 금융을 이해하기 때문이에요. 그리고 기업을 분석할 수 있는 능력도 있고요.

이공계의 경우 대기업연구소에 근무했던 친구들이 많이 들어와요. 생산라인이나 연구라인에 있던 사람들이죠. 그리고 특정 전문 기업에 있던 친구들을 선호해요. 게임 투자 심사가 필요하면 해당 업계를 잘 아는 전문가를 뽑는 거죠. 투자 분야의 대표적인 전문 기업에 소속되어 있었던 사람들을 선호해요.

이렇게 들어오는 게 전형적인 과정인데 벤처캐피털리스트 양성 교육을 통해서 들어오는 경우도 있어요.

그러나 벤처캐피털리스트가 되는 게 사실 쉽지는 않아요. 1년에 많이 뽑아야 50명이 채 안 되는 것으로 알고 있어요. 업계 전체 종사자가 500명 정도밖에 안 되거든요.

편 수요가 많은 전문 기업은 어디인가요?

유 미래 시대에 시장 확장 가능성이 큰 기업이어야 합니다. 또한 다양한 분야로의 응용성이 있어야 하고요. 예를 들어 게임, 바이오·제약, 로봇 기술, 화학 분야 등이 이에 해당합니다. 한 분야에만 깊게 머무르면 업무 범위가 제한되기 때문에 제약회사에서 연구 총괄을 맡았거나 여러 분야를 폭넓게 경험한 이력이 중요한 역량으로 평가됩니다.

어떤 사람이 적합할까요?

편 어떤 사람이 적합할까요?

유 새로운 것에 호기심이 많은 사람이어야 해요. 분석적이고 미래에 대한 관심과 감각이 있는 사람, 사람을 좋아하고 애정을 갖는 사람, 이렇게 네 가지를 갖춘 사람이죠.

편 어떤 청소년들이 이 직업에 적합할까요?

유 기술에 대한 이해와 활용 능력이 있어야 해요. 드론, 게임 같은 거 좋아하는 친구들 있죠? 하나에만 몰입하는 게 아니라 이것저것 해보면서. 특히 새로운 게 나오면 바로 시도하는 친구들이 이 직업에 맞아요. 벤처캐피털리스트는 고객과 시장에 대한 통찰을 가져야 해요. 즉, 인간에게 끊임없이 관심을 갖는 게 중요하죠. 사람이 고객이자 시장이거든요. 그렇게 하려면 인문학 공부를 많이 해야 해요. 사람은 다 똑같거든요. 이기적이면서도 선하기조 하죠.

철학, 심리학, 역사 분야에 관심을 두고 책을 많이 읽는 게 좋아요. 미래 예측, SF소설 같은 것을 좋아하는 학생들이 이 직업에 딱 맞아요.

인문학 관련 독서를
많이 해야 하나요?

편 청소년 시절에 인문학 관련 독서를 많이 해야 하나요? 인문학적인 소양에 대해 구체적으로 말씀해 주세요.

유 인터넷이 왜 만들어졌을까? 무엇을 바꿔놨을까? 모바일은 단순히 전화기 통신이었는데 어떻게 소통의 수단이 되어 사람들을 조직화하고 생활의 변화를 만들어 낼 수 있었지? 이런 질문들을 스스로에게 던지는 감각이 있어야 해요.

청소년들은 산업사회 이후의 인류 역사에 대해 촘촘히 이해하기를 바라요. 이론들은 아이들에게 수학, 영어를 열심히 공부하라고 강조하지만, 돈에 대한 감각, 근대사회, 현대사회에 대한 이해도 중요하다고 생각해요. 현대사회에서 제일 중요한 건 기술에 대한 이해와 활용이에요. 기술과 시장을 연결하는 마인드 그리고 자본의 흐름에 대해 아는 것이 중요하죠.

편 자본의 흐름까지 꿰고 있어야 하나요?

유 자본의 흐름이 왜 중요할까요? 예전에는 물물교환을 했었어요. 그런데 쌀은 너무 부피가 크니까 금덩이로 만든 화폐를 사용하다가 거기에 로마 황제의 얼굴을 새기면서 금화의 단위 무게가 가벼워졌어요. 그다음에는 종이에 얼굴을 새긴 지폐가 금을 대신했어요.

그런데 앞으로는 돈이 전자화폐로 바뀔 거예요. 전자화폐로 바뀌면 세상은 어떻게 될까요? 네트워크를 장악한 사람이나 집단이 더 큰 힘을 갖게 되겠죠. 이건 국가 단위의 문제가 아니에요. 왜냐하면, 화폐를 국가에서 관리할 때는 세금을 국가에서 거뒀지만, 만약 전 세계가 하나의 전자화폐를 쓰게 된다면 이야기가 달라져요. 그래서 앞으로는 자본이 어떻게 움직이는지, 그 흐름을 이해하는 게 정말 중요해요.

청소년기부터 화폐 관련 서적을 꾸준히 읽고, 순수문학도 함께 읽으면서 감수성과 사회적 통찰을 넓히세요. 자본주의의 구조와 작동 원리를 다룬 응용 서적을 읽는 것도 추천합니다. 궁극적으로는 고객과 시장, 기술 변화, 자본시장에 지속적으로 관심을 가지는 것이 중요해요.

페이스북Facebook을 만든 사람들, 에어비앤비Airbnb가 어떻게 돈을 벌었는지 고민해 보세요. 우리나라는 쏘카Socar가 있죠.

에어비앤비는 호텔도 안 가진 세계 최대의 호텔 사업가예요. 네트워크 하나만 있을 뿐이죠. 이런 현상들에 대해 여러분이 관심을 두고 조망할 수 있어야 해요. 옛날에는 절대 있을 수 없는 이야기예요.

롤 모델을 정하는 게 중요해요. 역사를 바꾸고 인류 사회에 선한 영향을 끼쳤던 부자들의 이름을 리스트로 만들고 그중에서 5명을 뽑아서 롤모델로 정하세요. 요즘 청소년들은 존경하는 사람이 별로 없는 것 같아요.

석유왕 존 데이비슨 록펠러^{John Davison Rockefeller}는 단순히 돈이 많아서 존경받는 게 아니라 자신의 부를 갖고 사회에서 중요한 역할을 했기 때문에 이름을 남긴 거죠.

자신의 롤 모델을 보고 그가 어떤 것으로 어떻게 부유하게 됐는지 생각해 보세요. 페이스북의 마크 저커버그^{Mark Elliot Zuckerberg}, 미이크로소프트의 빌 게이츠^{Bill Gates}는 기부를 많이 하잖아요. 그 사람들의 삶이 어떤 의미가 있는지 생각해 봐야 합니다.

아이언맨의 실제 모델인 테슬라의 일론 머스크^{Elon Musk}도 아주 혁신적으로 과감한 개척을 해나가요. 자신의 롤 모델을 존경하고 그 사람들을 내 삶에 끌고 들어와 나는 어떠한 사람이 될 것인지 비전을 세우는 게 중요하죠.

특히 공부를 잘하고 싶다는 희망, 부자가 되고 싶다는 강한 열망을 갖기 바라요. 공부를 잘하고 싶다는 희망을 품지 않으면 잘할 수 없어요. 공부는 중학교 2학년이 지나면 부모의 손을 떠나잖아요. 공부가 어려워지면서 부모가 가르칠 수가 없어요. 그래서 스스로 헤쳐 나가야 하는데, 내가 공부를 잘하고 싶지 않고서 어떻게 잘하겠어요. 내가 돈을 벌고 싶지 않으면 많이 벌 수 없는 거잖아요.

편 부자는 재산이 많은 사람일까요? 어떤 사람이 부자라고 생각하세요?

유 저는 부에 대한 설정을 다시 해야 한다고 생각해요. 부유하다는 게 뭘까요? 내가 땅을 갖고 있으면 무조건 부자일까요? 아니에요.

예를 들어 누군가 알토란 같은 땅을 100만 평 갖고 있는데 비싼 건 먹지도 않고 검소하게 살아요. 그런데 땅문서만 봐도 흐뭇해요. 평생 그렇게 살다가 죽어요. 그는 부자일까요?

부는 누리면서 사는 것으로 생각하는데, 과연 누린다는 게 뭘까요? 예를 들어 시골에 큰 느티나무가 있어요. 느티나무 밑에서 사람들이 쉬어 가고 일하는 사람들이 새참을 먹고 아이들이 등하교 시간에 쉬었다 가는 거죠. 그럼, 그 느티나무의 주인은 누구일까요? 서울에 있는 땅 주인일까요? 아니에요. 그것을 누린 마을 사람들이 주인이에요.

제가 조카들에게 만 원을 주면, 저는 만 원만큼의 부자예요. 10만 원을 줄 수 있으면, 10만 원만큼의 부자고요. 100만 원을 나눌 수 있다면, 그만큼 더 큰 부자인 거죠. 결국, 돈을 얼마나 많이 갖고 있느냐보다, 그 돈을 어떻게 쓰느냐가 진짜 부자의 기준이에요.

벤처캐피털리스트는 자기 돈은 아니지만 큰 부자로 살 수 있어요. 내가 가치 있다고 생각한 기업에 투자하고 그 기업이 성공했을 때 자금을 회수하면 다른 곳에 또 투자하죠. 그게 부자라고 생각해요. 돈을 직접적으로 많이 쓸 수 있는 직업이고 또 좋은 결과를 얻을 수 있잖아요. 부자로 살 수 있는 직업이 바로 벤처캐피털리스트예요. 내가 땅 부자인 건 아무 의미가 없어요. 땅을 계속 사고팔 수는 없잖아요.

부를 의미 있게 사용하면 선한 부자, 악하게 사용하면 악한 부자예요. 그래서 부에 대한 올바른 개념과 선한 욕심을 갖는 게 중요해요. 자본은 결국 인프라예요. 인프라를 활용해서 내가 무엇을 할 것인지가 포인트예요. 좋은 땅이 있는데 그냥 두는 사람이 있고 다른 가치를 부여해서 큰 오피스텔을 짓거나 콘도를 지어서 사람들과 이익을 나누려고 하는 사람도 있지요.

유명한 부자 중에 다이너마이트를 개발한 알프레드 노벨 Alfred Bernhard Nobel을 생각해 보죠. 노벨이 발명한 다이너마이트

는 전쟁에 사용되어 인류에 큰 피해를 줬지만, 산업사회를 발
전시켰고 이후, 노벨상을 만들어서 사회에 기여하려고 노력
했어요.

청소년 시절에
노력해야 하는 게 있나요?

■ 청소년 시절에 노력해야 하는 게 있나요?

■ 미래에 대한 변화를 직시하세요. 로봇이 점점 발달하고 첨단 시스템으로 시장이 움직이게 되면 생산성이 없는 사람들은 도태될 수밖에 없는 세상이 올 거예요. 그 안에서 로봇의 세상이 아니라 인간 중심의 세상을 꿈꾼다면 나는 어디로 가야 할지 고민해야겠죠.

사람들을 어떻게 연결해서 무엇을 만들어 낼 것인지 고민하면 좋겠어요. 특히 강한 의지를 갖기 바라요. 패배 의식을 가지면 안 됩니다. 내가 할 수 있는 게 별로 없다고 생각할지 몰라요. 거대 시스템과 자본이 이 세상을 두고 싸우지만 사실 이 모든 것을 움직이는 것은 사람입니다.

너무 절망해서 취직도 포기하고 결혼도 포기하는 건 그다음의 세상을 포기하는 거예요. 세상을 바꿀 수 있어요. 세상은 넓고 무엇이든 할 수 있어요. 자신의 역할에 따라 실제로 모든 것을 바꿀 수 있어요. 벤처캐피털리스트의 진입장벽이 어렵다고 생각할 수도 있지만, 열정과 노력이 있다면 충분히 할 수 있어요. 선한 의지와 선한 노력을 하면 반드시 이 일을 해낼 수 있고 세상을 바꿀 수 있다고 이야기하고 싶어요.

다른 세상을 보는 게 중요해요. 저는 다른 문화, 그들의 소비 패턴, 그들의 생활을 보려고 노력해요. 넓은 안목이 필요한데 견문이 좁으면 더 큰 세계로 나갈수가 없죠.

호기심은 가만히 앉아 있으면 생기지 않아요. 다른 걸 자주 보아야 궁금증이 생기거든요. 그게 호기심이에요. 일탈 하는 게 좋다고 생각해요. 저는 가끔 출근길을 바꿔서 다녀요. 더 멀리 돌아가는 길이라 하더라도 제게 새로운 자극을 주는 거죠. 똑같은 길이지만 이렇게도 가보고 저렇게도 가보는 거예요.

저는 청소년 여러분이 익숙한 게임에만 빠지지 않았으면 좋겠어요. 이 게임도 해보고 저 게임도 해보세요. 세상은 그렇게 단순하지 않아요. 다양한 사람들이 있고, 다양한 즐길 거리가 있고, 다양한 관점과 의견들이 있어요. 다양성을 유지하는 게 시장의 미덕이죠. 세상이 똑같지 않다는 것을 느낄 많은 기회를 가지면 좋겠어요. 영화나 드라마도 많이 보고, 다양한 게임도 해보고, 운동과 여행도 하면서 이 세계와 사람에 대해 알아가면 좋겠어요.

분석 능력을 키우려면
어떻게 해야 할까요?

편 분석 능력을 키우려면 어떻게 해야 할까요?

유 잘된 결과가 중요한 게 아니라 왜 잘 되었느냐가 중요해요. 그것을 분석할 줄 알아야 내 것으로 만들 수 있어요. 어떤 이론이 있을 때 현상이 아닌 만들어진 과정에 대해 알려고 노력하세요.

신대륙에 간 사람은 여러 명이었어요. 콜럼버스가 처음 간 게 아니라 바이킹이 제일 먼저 갔었죠. 그런데 왜 바이킹을 신대륙 발견자라고 하지 않을까요? 항로를 개척하지 않았거든요. 우연히 갔다가 우연히 돌아왔어요. 어떻게 돌아왔는지 본인도 몰랐어요. 지도가 없이 돌아온 거죠. 그래서 바이킹을 선구자라고 하지 않아요. 선구자는 후배들에게 재현할 수 있는 길을 터주는 사람을 의미해요.

그래서 어떤 현상이 있을 때 그게 왜 잘됐는지 앞으로 어떻게 하면 더 잘될 것인지를 논리적인 틀 안에서 연구해야 돼요.

편 청소년 시절의 도전 정신도 중요할 것 같아요.

유 저는 아이들한테 자주 질문해요.

"이게 바르다고 생각하는 사람? 틀린다고 생각하는 사람?" 아이들은 손을 들지 않아요. 모두 중립이에요. 그러면 발전이 없어요. 맞든 틀리든 두려워하지 말고, 손을 들어야죠. 틀리면 틀리는 대로 맞으면 맞는 대로 조율하면 되거든요. 그런데 요즘 학생들은 가치판단을 하지 않아요. 맞든 틀리든 한 가지를 정하기 바라요. 그게 도전 의식이에요.

어떤 것을 선택하는 것은 도전이거든요. 누군가에게 선택해 달라고 하는 건 잘못된 거예요. 잘 모르더라도 스스로 선택하고 선택한 것에 대한 결과를 수용하겠다는 도전 의식이 있어야 해요.

미래 예측에 대한
관심과 감각은 어떻게 키우죠?

편 미래 예측에 대한 관심과 감각을 키우기 위해서 청소년들은 무엇을 해야 할까요?

유 역사가 앞으로 어떻게 흘러갈 것인가를 생각해 보세요. 미래 사회가 어떻게 될 것인가에 대한 질문이 미래의 시장을 결정하고 시장을 움직이는 기술 요소나 기업의 문제와 귀결되는 것 같아요. 과거 30년을 되돌아보면 상상할 수 없는 시장이에요. 제가 대학 다닐 때는 PC가 없었어요. 그래서 타자를 배웠죠. 앞으로의 30년은 그 변화가 어마어마하게 무서운 시대가 될 거예요. 그 무서운 시대가 닥쳤을 때 후회하지 말고, 예측하면서 대응해 나가자는 거죠.

SF영화를 많이 보세요. 과학적인 근거가 있는 이야기거든요. 1970년대에 나온 책 중에 2015년의 미래를 상상한 책이 있어요. 그 상상이 대부분 이루어졌어요. 지금 과학적으로 상상하는 모든 것도 현실이 될 거예요. 호기심 훈련을 위해 SF영화를 보면서 그것들이 어떻게 이루어지는지, 그런 시대가 오면 나는 무엇을 위해 살아갈 것인지, 어떻게 대응할 것인지 고민해 보세요.

사람을 좋아하는 성향이 필요한가요?

편 사람을 좋아하는 성향이 필요한가요?

유 우리는 시장에서 움직이는 금융가예요. 은행에 있는 금융가들은 은행에 앉아 담보 서류만 보고 대출을 집행하지만, 우리는 투자를 받는 피투자 기관의 사람과 대상이 되는 고객까지 전부 이해해야 해요. 아주 다양한 종류의 사람들을 만나야 하죠.

내 취향이 아니더라도 다양한 관점에서 바라볼 수 있어야 해요. '아이러브커피'라는 게임이 있어요. 저는 처음부터 이 서비스가 마음에 안 들었어요. 회원가입을 하고 게임을 시작하면 카페의 주인이 되는 거예요. 아바타들이 카페로 들어와서 커피를 시켜 먹죠. 아바타들이 가면 테이블을 청소해요. 원두가 떨어져서 추가해 넣으면 갈아서 채워져요. 이렇게 카페 경영 게임을 하는 거예요. 저는 이 게임이 재미없었어요. 그래서 투자를 거절했죠. 그런데 나중에 잘 돼서 하루에 5억 원을 벌었고 그해 당기순이익이 1천억 원 넘게 났어요. 주식시장에 상장도 했죠. 내 취향이 아니더라도 다양한 고객들을 만나고 그들의 관점을 이해할 수 있어야 해요. 사람을 만나면 그들만의 스토리가 있잖아요. 진실이 있고, 기쁨이 있고, 슬픔이 있죠. 타인의 다양성을 인정하면서 새로운 관점을 이해하는 거예요.

 문제를 꿰뚫어 보는 능력이 필요한 것 같아요.

 문제를 직관할 수 있는 능력이 있어야 해요.

페이스북은 간절한 니즈needs가 아니라 잠재적인 니즈에 의해서 만들어진 거예요. 어떤 니즈였을까요? 지금 사회는 핵가족화되어 있어요. 예전에 형이 영화를 보고 왔는데 너무 재미있었나 봐요. 저한테 이야기해 주겠다고 하는데 듣기 싫다고 했죠. 그래도 하겠다고 해서 백 원 주면 들어주겠다고 했어요. 결국 형은 백 원을 내고 이야기했어요.

왜 돈을 내면서까지 이야기하고 싶을까요? 그게 사람이에요. 맛있는 거 먹으면 이야기하고 싶고, 되새기고 싶고, 누군가로부터 그에 관한 질문을 받으면 너무 기쁘죠. 그런데 핵가족화되면서 이야기할 곳이 없어졌어요. 진짜 맛있는 걸 먹었는데 혼자 살면 이야기할 곳이 없잖아요. 그래서 SNS에 올리는 거예요. 사람들이 감탄하고 어디냐고 물어보죠. 이렇게 사회적인 관계를 SNS로 보상받는 거예요. 그러니까 SNS가 잘되는 거죠. 사람들의 니즈는 시대나 동서를 막론하고 똑같아요. 그러니까 역사를 제대로 이해하라는 거죠.

이 직업과 절대 맞지 않는 사람은
어떤 사람일까요?

편 이 직업과 절대 맞지 않는 사람은 어떤 사람일까요?

유 새로운 것에 관심이 없는 사람, 사람을 만나는데 소극적인 사람. 창업자의 열정과 전망을 들어주고 공감해 줄 수 없는 사람은 이 직업과 맞지 않을 수 있습니다.

벤처캐피털리스트 중에는 이공계 전공자들이 많지만, 경영학, 회계학을 전공한 사람들도 있습니다. 대부분의 공통점은 타인의 주장을 경청하고 토론과 소통을 좋아한다는 것입니다.

개인적으로 저도 많은 평가와 심사를 하지만, 이것은 절대 안 된다고 생각하던 서비스나 기술이 보란 듯이 성공하는 사례를 많이 보았습니다.

스스로 겸손해져야 한다고 배운 순간입니다. 내가 아는 것이 전부가 아닙니다. 성공에는 다양한 요소가 있고 모두 갖추어져야 성공하는 것도 아닙니다. 한두 가지 요소를 효과적으로 잘 성취해 내서 기업이 성공하는 사례도 많습니다. 열린 마음으로 세상을 볼 수 있는 사람이 이 직업에 맞습니다.

유리한 전공과 자격증이 있나요?

편 대학에서 어떤 분야를 전공하면 유리한가요?

유 이공계에서는 산업공학과 전공자가 제일 많아요. 산업공학은 특정한 기술을 배우기보다는 산업의 구조를 두루두루 공부하는 학문이에요. 이공계는 산업공학이 제일 많고, 상경계는 자본의 흐름을 읽을 수 있는 경영학 전공자가 많아요.

그리고 특정 분야의 공학 중 화학공학, 전자공학, 생명공학 등 현시대를 반영하는 응용학문 전공자가 많아요. 요즘은 복수전공을 많이 하니까 산업공학이나 경영학 중의 하나는 전공하는 게 유리합니다.

편 필요한 자격증이 있나요?

유 연관된 자격증을 말하자면 증권분석사, 기술평가사, 가치평가사 등이 있는데 그 자체가 큰 의미는 없어요. 벤처캐피털리스트가 수행하는 업무 특성을 모두 반영하지 않을 뿐더러 방향이 서로 다르기 때문에 혼선만 줄 수 있어요. 굳이 필요한 자격증을 찾는다면 기업을 분석하는 데 도움이 되는 공인회계사 자격증 정도예요. 벤처캐피털리스트 중에 공인회계사 자격증을 보유한 친구들이 늘어나고 있어요.

입사 면접과 시험이 따로 있나요?

편 입사 면접과 시험이 따로 있나요?

유 아니에요. 대규모 공개 채용을 통해 신입사원을 뽑는 게 아니라 소수의 경력직을 주로 뽑죠. 업계 간의 이동이 많고요. 증권사 애널리스트 출신이나 전문 기업의 핵심 부서에서 사람들을 소개받거나 스카우트합니다. 대부분 미래에 대한 관심과 열망이 많은 사람들이라 스펙이 엄청나요. 박사, 교수들도 있으니까요.

편 공채나 시험이 없네요.

유 보통 스카우트를 통해 채용하고 공개 채용을 하더라도 심층면접을 통해 결정하기 때문에 이력 관리가 가장 중요해요. 지향점과 전문성, 경험 등이 면접을 통해 드러나죠.

유학을 다녀오는 게 도움이 되나요?

편 유학을 다녀오는 게 도움이 되나요?

유 유학을 다녀와서 외국에 네트워크가 있다는 건 좋은 일이에요. 우리는 좋은 기업을 좋은 시장에 파는 일을 하잖아요. 그 시장이 국내에 한정된 것보다는 외국으로 확장되는 게 훨씬 더 많은 기회를 가질 수 있겠죠.

최근 들어 중국의 부상이 두드러지고 있어요. 중국어를 잘하면 좋을 것 같아요. 중국어를 할 수 있다는 것은 중국 시장을 활용할 수 있다는 거죠. 영어를 하면 미국 시장을 이해히게 되고 활용할 수 있게 돼요. 그래서 큰 시장을 중심으로 언어를 익히는 게 좋아요. 중국에도 우리나라 벤처기업의 고객들이 있거든요.

대학을 나와야 하나요?

편 대학을 나와야 하나요?

유 전문 기술과 트렌드를 알고 있어야 투자 심사가 가능하고 벤처기업가들의 이야기를 이해하고 공감할 수 있어서 대부분은 고학력자, 석박사들이 많습니다.

단순히 대학의 졸업 여부가 중요한 것이 아니라 타인의 기술과 열정을 이해하고, 공감하며, 같이 미래를 꿈꿀 수 있는 전문성을 어떻게 갖출 수 있는가가 정말 중요합니다. 자기만의 전문성도 있어야 하고, 타인의 전문성도 이해할 수 있는 안목이 필요합니다.

매년 중소벤처기업부, 벤처캐피털협회, 한국모태펀드 등이 주관하는 벤처캐피털 양성과정이 운영되고 있으니, 이를 통해 벤처캐피털리스트로서의 전문성을 체계적으로 강화할 수 있습니다.

2023년 제43기 벤처캐피탈리스트 양성(공동과정)

VENTURE
CAPITALIST

A
B
C

벤처캐피털리스트가 되면

어떤 업무부터 시작하나요?

편 어떤 업무부터 시작하나요?

유 벤처캐피털에는 경영 지원, 투자 심사, 사후관리 파트 등의 분야가 있지만, 투자 심사 파트에 근무하는 사람들을 벤처캐피털리스트라고 합니다. 채용되면 선배 벤처캐피털리스트가 투자해 놓은 포트폴리오의 사후관리부터 시작합니다. 각 투자기업의 분기 실적 보고서를 보면, 처음 투자할 때 중요하게 본 '투자 포인트'가 무엇이었는지를 다시 확인할 수 있어요. 또, 당시 투자 보고서에서 예측했던 실적이 실제 결과와 얼마나 일치했는지도 검토하죠. 만약 투자가 실패했다면, 그 원인이 무엇이었는지, 앞으로 어떻게 대응할지 되짚어 보면서 투자에 대해 배우게 됩니다. 그리고 처음 투자를 위해서 많은 기업을 만나고 기업 발굴 보고서를 작성합니다. 기업의 핵심기술, 성장 가능성 등을 분석해서 예비 투자 검토 보고서까지 진행하고 피드백을 받으며 투자 검토에 대한 기술을 익히게 됩니다. 선배 벤처캐피털리스트와 동행하며 개인적으로 가르침을 받고 경험을 쌓게 됩니다. 그리고 투자를 진행할 때 서브 담당자로서 경험이 쌓이면 메인 투자 담당자로서 활동하게 됩니다.

숙련되기까지 시간이 얼마나 걸릴까요?

 숙련되기까지 시간이 얼마나 걸릴까요?

 신입으로 벤처캐피털에 입사한다면 1년 정도 사후관리를 하고, 선배를 따라 기업을 탐방하고, 다양한 IR 행사와 벤처 경진대회 등을 적극적으로 찾아다닙니다. 이때 자신감이 생기고, 투자해서 나만의 포트폴리오를 구성하고 싶죠.

그러나 업무 초기에 내가 발굴한 기업은 투자심의위원회에서 좋은 평가를 받기 어렵습니다. 경험이 없어서 기업을 보는 눈이 없고, 기업의 핵심 역량을 파악하는 데 서툴기 때문입니다. 그리고, 비교할 만한 경쟁사도 잘 몰라서 상대적으로 좋은 기업임을 증명할 수 있는 능력이 부족합니다.

자칫 잘못 선택하면 이미 산업 자체가 경쟁력이 없고, 죽어가는 시장인 경우도 있습니다.

여러 번 투자심의위원회에서 투자 부적격 판정을 받거나, 어떻게 승인 받아 투자 단계에 들어가도 기업과 투자 조건을 협의하는 과정에서 조율을 못 해서 투자가 깨지는 경우도 있습니다. 그리고 투자 계약서를 잘못 작성해서 문제가 되는 경우도 있습니다. 숙련이 되려면 3년 정도 실전에서 경험을 쌓아야 벤처캐피털리스트가 될 수 있습니다.

이 직업을 갖게 되면 어떤 변화가 생기죠?

 벤처캐피털리스트와 보통 사람은 어떤 차이가 있을까요? 이 직업을 갖게 되면 어떤 변화가 생기죠?

 미래에 대한 호기심을 갖게 돼요. 호기심에 그치지 않고 새로운 기술과 시장을 늘 연동시키죠. 새로운 기술과 상업적인 시장성을 연계해서 생각해요. '포켓몬 고'와 비슷한 게임이 10년 전에 한국에 나왔는데 시장성이 없어서 반대했던 경험이 있어요. 이렇게 새로운 기술이 나오면 그 기술이 상업 시장에 어떻게 접목될지 즉, 기술과 시장을 아주 직관적으로 연계해서 사고하는 습성이 있습니다.

3D프린터가 나왔는데 보통 사람은 만드는 기술에만 관심을 가져요. 그런데 벤처캐피털리스트는 3D프린팅을 통해서 열릴 새로운 시장에 대해서 연구해요. 우리는 3D프린터를 파는 시장이 중요한 게 아니라 이 프린터와 연계된 다양한 시장이 어떻게 형성될지를 연구하죠. 그래서 이 일을 하는 사람은 사고 확장 능력이 발달할 수밖에 없어요.

해외에서 새로운 기술이 나오면 결국 한국 시장에 영향을 주기 때문에 두 가지를 연계해서 생각하죠. 카피나 벤치마킹, 아니면 응용과 활용을 생각해요. 전 세계적인 시장의 요구와 유행이 비슷하기 때문에 시장과 기술을 연동해서 생각하죠.
새로운 정보와 트렌드를 시장과 연동하고요.

 예민하고 민감한 직업인 것 같아요.

 우리는 과학기술의 발달에 항상 촉을 세우고 있어요. 사이언스 잡지, 기술 논문, 대기업의 기술 상품과 전시에 민감하죠. 삼성이 올레드 TV를 출시하면 가장 크게 반응하는 게 벤처캐피털리스트예요. 중국의 어떤 회사가 새로운 제품을 만들면 그 전시회에 가고 제품과 관련된 전문잡지, 신문, 페이스북을 뒤적거리죠. 사람들은 재미를 느껴서 SNS에 올리지만 우리는 그런 정보와 반응을 예민하게 관찰해요.

예를 들면 GPS 장치는 아직 차선 파악을 못 해요. 그런데 앞으로 아주 정밀한 GPS 장치가 개발되어서 차선까지 안내하겠죠. 벤처캐피털리스트는 차선까지 파악하는 GPS 기술이 나왔다는 소식을 듣자마자 그게 우리 산업 어디에 적용되고 그 범위가 어느 정도 일지를 빠르게 분석하고 예측해요.

우리는 사람들에 대해서도 민감해요. 시장의 중심은 사람이기 때문에 사람이 제일 중요하죠. 기술을 제공하고 기술을 소비하는 것 또한 사람이잖아요. 나홀로족, 혼밥, 혼술 이런 트렌드는 결국 사람들이 만드는 거죠.

함께 일하시는 분들은 어떤 분들인가요?

편 함께 일하시는 분들은 어떤 분들인가요?

유 같은 분야의 투자 심사역 벤처캐피털리스트와 가장 많이 일합니다. 기업 탐방도 함께 가고 IR 행사장에서 앞다투어 질문도 하고, 정말 좋은 기업일 때 서로 좋은 조건으로 투자하겠다고 경쟁하는 사람들이 바로 우리 옆 동료들입니다.

그러나 동료들의 경력이 비슷하진 않습니다. 누구는 공학박사인 경우도 있고, 누구는 대기업 연구소 출신인 경우도 있습니다. 또 회계사 자격증을 보유하고 기업의 재무구조 분석에 유능한 동료들도 있습니다. 변리사 출신인 경우도 더러 있어서 기업이 가지고 있는 기술 특허의 차별성과 가치 등의 분석에 밝은 동료들도 있습니다.

서로 비슷한 기업에 공동투자하고 경쟁적으로 투자하면서 가치와 경험을 공유합니다. 산업을 발전시키는 데 일조한다는 보람을 공유하면서 협업하게 됩니다.

고민과 갈등에 관해서
이야기해 주세요

편 벤처캐피털리스트의 고민과 갈등에 관해서 이야기해 주세요.

유 이 직업은 1억 투자했을 때 1년 수익이 3천만 원이어야 하는 일이에요. 즉, 어떤 벤처기업에 투자하면 2~3년 후에 두 배 수입이 나와야 해요. 그런데 벤처캐피털은 10개의 벤처기업 중에 3개도 성공시키기 힘들어요. 7개의 벤처기업이 성공하지 못하죠.

편 무거운 책임을 진 직업이네요.

유 벤처캐피털은 모두 성공할 수 있는 투자가 아니에요. 통계적으로는 잃는 게 더 많아요. 10개 투자해서 1개만 겨우 성공시키는 사람도 있어요. 10개 중의 7개 실패하고 3개만 성공해도 대단한 거예요. 성공보다 실패가 더 많은 일이죠. 그러면 '난 최선을 다했는데 왜 투자에 실패했을까?'에 대한 고민이 생겨요.

이 일은 사람, 기술, 시장이 잘 맞아떨어졌을 때 성공해요. 내가 선택한 사람과 기업이 가진 기술, 시장이 서로 안 맞을 때 실패해요. 벤처기업가의 핵심 능력은 시기적절한 시장을 공략하는 거예요. 아무리 좋은 기술이라도 너무 일찍 시도하면 실패할 수밖에 없거든요.

결국 벤처캐피털은 7개에 실패하더라도 3개의 성공을 통해서 그동안 잃은 것까지 다 만회해야 해요. 두 배 정도의 수익을 내려고 투자하지만 실제로 성공하면 훨씬 더 큰돈을 벌어요. 2배가 아니라 10배, 20배, 100배의 수익이 날 때도 있어요. 그래서 성공한 3개가 실패한 7개를 보상하는 거죠.

그래서 7개는 투자금을 잃더라도 3개의 올바른 선택을 반드시 해야 한다는 고민이 있죠. 게임과 비슷하지만, 도박은 아니에요. 도박으로 보일 수 있지만, 벤처캐피털리스트가 벤처기업의 성공을 위해 함께 뛰어다니기 때문에 절대로 도박이 될 수 없죠. 최선을 다해서 내 선택에 책임을 지는 직업이에요.

벤처캐피털리스트의
일과가 궁금해요

편 벤처캐피털리스트의 일과가 궁금해요.

유 사무실에 출근하지 않고 기업 현장에 출근하는 날도 많아요. 출근하는 날은 오후에 기업을 방문하거나 기업이 우리를 방문해요. 기업을 설명하는 활동 즉, IR^{Investor Relations}에 참석하는 거죠. 일주일에 1~2회 정도 기업과 투자자가 공식적으로 만나는 자리를 만들고 그 기업에 투자해도 되는지 심사하는 회의를 열어요. 내부적인 심의위원회죠.

벤처캐피털리스트는 두 개의 얼굴을 갖고 있어요. 기업에 투자하기 전에는 법정의 검사처럼 그 기업을 조사하고 파헤쳐요. 그런데 투자하겠다고 결심하면 그 기업의 변호인처럼 바뀌어요. 벤처캐피털리스트는 투자하기로 한 기업을 투자심의위원회라는 회의에 올려요. 다른 심의위원들이 마구 공격하죠. 그러면 벤처캐피털리스트는 그 기업을 방어하고요.

경쟁사 기술의 허점이 무엇인지, 그들이 놓치고 있는 시장이 어떤 건지, 왜 이 회사의 기술이 시장을 장악할 거라고 보는지 논리적으로 설명해서 심사 위원들을 설득해요. 변호사와 의뢰인의 관계랑 비슷하죠? 그래서 기업과 벤처캐피털리스트는 가까워야 해요. 기업의 아킬레스건까지 다 알아야 하죠. 그래야 이 기업에 위기가 닥쳤을 때 어떻게 극복할 것인지 같이 고민할 수 있거든요. 이런 내용의 회의를 일주일에 한 번 정도 해요.

일주일에 3~4회 정도 기업과 편하게 미팅하는 자리도 있어요. 그리고 가장 중요한 일정은 다른 벤처캐피털리스트와의 미팅이에요. 이 일은 혼자 투자하면 위험이 커 보이지만 둘이 함께 투자하면 작아 보여요. 그래서 공동투자를 많이 하죠. 그만큼 업계 내의 정보교환이 굉장히 중요해요.

편 이 직업에 중요한 인맥은 어떤 거죠?

유 벤처캐피털리스트로서 성공하기 위한 네 가지 인맥이 있어요.

첫째, 펀딩을 받을 수 있는 네트워크 즉, 돈을 가진 사람들과의 네트워크

둘째, 동종 업계 사람들끼리의 정보 네트워크

셋째, 새로운 기술을 검증할 수 있는 기술 레퍼런스 네트워크

넷째, 좋은 벤처기업을 소개받고 발굴할 수 있는 네트워크

이렇게 되죠.

편 주말에는 쉬시나요?

유 이 일은 주 5일 근무예요. 보통 사람들은 인맥 관리를 위해서 주말에 골프를 치기도 하고, 식사나 술자리도 많죠. 저는 술을 잘 못 마시기 때문에 많이 참석하지 않지만, 사람들과의 관계는 또 다른 방법으로 만들어야 해요. 사람들이 인맥을 중요시하는 이유는 불안하기 때문이에요. 제가 가진 것을 이야기하고 타인에게 지지받고 투자에 대한 조언도 구하는 거죠.

편 투자를 원하는 기업으로서는 회식 때 술을 못 드시는 대표님을 대하는 게 어려울 것 같아요.

유 이 일은 사람을 많이 만나는 직업이에요. 특히 기업은 부자자에게 식사를 제공하려고 하는 경우가 있어요. 그 때문에 자칫하다가는 실수를 하거나 사고가 생길 수 있어요. 벤처캐피털리스트는 자기 관리에 엄격하고 투명해야 합니다.

편 자기 관리를 위해 어떤 운동을 하세요?

유 이 직업은 시간이 자유로운 편이어서 주말이나 평일에 운동하죠. 보통 인맥관리를 위해 골프를 치기 때문에 평일에 골프장 가는 것이 허용되기도 해요.

기술과 지식, 기업에 대한 정보는
어떻게 채우나요?

편 기술과 지식, 기업에 대한 정보는 어떻게 채우나요?

유 새로운 정보는 두 가지로 나눌 수 있어요.

첫 번째는 기술과 시장에 대한 정보죠. 대부분 과학 분야의 채널을 통해서 얻어요. 사이언스 잡지, 논문, 전시회, 국제회의, 협회 같은 곳에서 새로운 기술에 대해 어떤 기준을 만들어 가는지가 중요하죠.

두 번째는 사람에 대한 정보예요. 이건 인문학적인 부분이라 신문, 드라마, 책 등 다양한 인문 채널을 늘 열어놓고 있어요.

저는 전시회를 자주 가요. 코엑스에서 전시회가 열리면 다 가요. 오전에 인터넷으로 정보검색을 하고 전자신문과 경제신문을 많이 봐요. 그곳에 나와 있는 기업에 전화해서 기업 탐방을 제안하죠. 기획 투자라는 게 있어요. 관련 분야 사람들을 다 뒤져서 리스트를 만들어요. 그리고 세미나에 참석하면 프레젠테이션하는 기업이 있잖아요? 그 기업을 리스트에 적어놓고 비교 검색을 하죠.

수입은 어떻게 되나요?

편 수입은 어떻게 되나요?

유 월급은 기본급과 인센티브가 있어요. 기본급은 경력의 경우 평균 1억 원 내외인 것 같아요. 인센티브를 받으면 더 높아지는데 보통 성과의 3~5% 정도를 성과급으로 받아요. 벤처기업을 통해 100억 원을 벌었다면 3억 원에서 5억 원을 성과급으로 받죠. 신입의 경우는 연봉이 5천만 원에서 6천만 원 정도예요. 기본급은 대기업 수준에 맞춰져 있어요. 보통 대기업 연구소에서 오거든요. 대기업 소속의 벤처캐피털도 많아요. 실적이 좋은 사람은 연봉이 수억 원 이상 되고요. 인센티브가 10억 원, 20억 원 쌓이는 것도 봤어요. 그러면 독립해서 벤처캐피털을 설립하죠.

편 정년이 있나요?

유 미국은 나이가 많은 벤처캐피털리스트들도 있어요. 미래지향적인 기술을 젊은 사람들보다 많이 알고 사람을 분석하는 능력이 뛰어나죠. 이 일은 사람을 선택하는 영역이기 때문에 경험이 많으면 많을수록 숙련되고 노련해져요. 나이와 상관없이 할 수 있는 좋은 직업이죠.

스트레스는 어떻게 관리하세요?

편 스트레스는 어떻게 관리하세요? 앞에서 짧게 언급해 주셨는데 자세하게 듣고 싶습니다.

유 투자한 기업이 잘 안될 때 엄청난 스트레스를 받아요. 잠도 잘 못 자죠. 그리고 투자한 기업과 유사한 회사가 나왔다는 신문 기사를 보면 어떻게 대응해야 할지 계속 생각하죠. 또 다른 스트레스는 투자를 안 한 기업이 잘될 때예요. 좋은 기업을 왜 놓쳤을까 반성하죠.

어떤 기업이 잘될 수 있는지 고민하고, 좋은 기업이 잘 안될 때 어떻게 도와줄지 고민하는 것도 사실 스트레스예요. 그런데 성공한 기업을 보고 있으면 일종의 대리만족을 느껴요. 투자한 기업이 잘 되는 것도 중요하지만 혁신적인 기술로 시장을 돌파하는 기업들을 보는 것만으로도 기분이 좋고 스트레스가 풀려요. 쭉쭉 뻗어 나가는 기업들을 보면 흐뭇하죠.

좋은 기업들을 인정하는 게 스트레스를 해소하는 방법이에요. 내가 패배했다고 생각하지 않고 상대방을 칭찬하는 게 좋은 것 같아요. 성공한 기업들에 대해서는 벤치마킹할 게 많아요. 괜히 성공한 게 아니거든요. 성공의 요소들을 뽑아서 내가 키우는 기업에 적용해요.

VENTURE
CAPITALIST

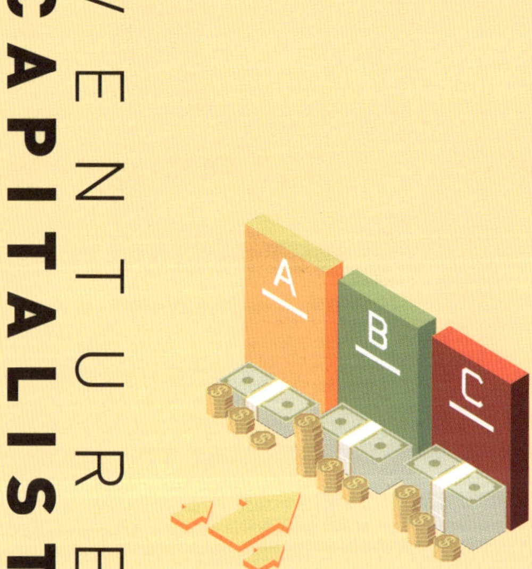

나와 당신, 그리고
사회의 다양한 모험

편 인생에서 가장 큰 모험은 무엇이었나요?

유 벤처캐피털리스트로서 25년 정도 투자 업무를 하면서 다양한 경험을 하였고, 이제는 벤처기업가로 창업했습니다. 평소에 벤처기업을 도와 많은 관심을 두고 아이디어를 내며 꾸준히 준비하다가, 직접 창업자로 시작한 것이 저에게 가장 큰 모험이자 도전이었어요.

저는 모험을 좋아하는 도전가 스타일인가 봐요. 벤처캐피털리스트로 정점을 찍는 것도 좋지만, 새로운 도전을 하는 것도 뜻깊은 일이라 생각합니다. 전혀 다른 차원에서 가치를 만들기 위해 도전하고 있습니다. '선한의지㈜'라는 회사를 창업하여 사회를 아름답게 만드는 플랫폼 중심의 다양한 서비스를 시도하고 있습니다. 도서 유통 플랫폼 북밴드, 기부 플랫폼 셰어밴드, 은퇴한 선교사들에게 새로운 일자리를 제공하기 위한 공동구매 인테리어 플랫폼 리젠 등을 시도하고 있습니다.

특히 은퇴한 선교사들의 일자리를 집수리 인테리어로 시도하다 보니 제가 먼저 도배, 집수리, 인테리어 디자인 등의 일들을 직접 배우기도 하였습니다. 직업에는 귀천이 없어서 함께 가치를 창출할 수 있다면 무엇이든 노력해 볼만하다고 생각합니다. 생각만 하고 시도하지 않는 것보다는 시도하고 시행착오를 겪으며 수정해서 다시 해보는 것을 선택하는 게 좋아요.

그동안 금융가의 삶과 기회에 감사하고 또 다른 새로운 도전에도 감사한 마음입니다.

편 우리 사회가 하고 있는 모험은 무엇이 있나요?

유 현재 우리 사회는 급격한 변혁기에 있습니다. 불과 10년 전만 해도 상상할 수 없던 기술들이 지금은 현실이 되고 있습니다. 최근에는 ChatGPT 같은 인공지능을 통해, 기술 발전이 얼마나 놀라운지 직접 체험할 수 있었죠.

가보지 않은 길에는 새로운 위험도 있습니다.

기술의 혁신 한가운데에서 인류가 맞이한 환경오염, 저출산에 의한 인구 감소, 인공지능을 통한 일자리 감소 등의 문제를 해결해야만 인류가 더 행복하게 항해를 계속할 수 있을 거예요.

기술을 위한 기술의 발달이 아니라 인간이 인간답게 살아가기 위한 기술의 발전이라는 목적을 정확히 잡아야 합니다. 바로 여기에 인류의 모험이 있다고 생각합니다. 어떠한 파도 앞에서도 올바른 방향성을 가진 항해가 모험입니다. 파도에 표류하는 것을 모험이라고 표현할 수는 없습니다.

편 모험은 성공한다는 보장이 없어도 꼭 해야 하나요?

유 성공이 보장된다면 성취감도 없을 거예요. 예를 들어 백화점에서 모두에게 경품으로 라면을 1개씩을 줍니다. 그리고 그 라면 1개를 걸고, 5개를 얻을 수 있는 경품 추첨을 합니다. 이 추첨에서 라면 1개를 잃을 수도 있지만 5개를 얻을 수도 있습니다. 결국, 이 추첨은 라면 4개를 걸고 하는 모험인 셈이에요.

물론 벤처기업을 통한 모험은 확률에 따르는 추첨과는 다른 모험입니다. 잘 준비하여 노력하고 협력한다면 앞으로 계속 나아갈 수 있습니다. 포기만 하지 않는다면요. 목표를 아직 못 이룬 것이 실패가 아니라 포기하는 그 순간이 바로 실패입니다. 모험은 도전 자체가 의미를 가집니다. 도전이 없으면 아무런 발전도 할 수 없습니다.

도전할 기회가 있음에 감사해야 합니다.

편 실패를 두려워하지 않으려면 어떤 준비가 필요할까요?

유 실패를 두려워하지 않으려면 실패에 대해 정확히 정의해야 합니다. 앞서 말씀드린 것과 같이 내가 어떤 목표를 향해 노력하는데 아직 성취되지 않았다고 해서 실패한 것이 아니라 분명히 그 성취를 이루기 위한 과정일 거예요. 한발 한발

다가가고 있는 것입니다.

여러 번의 시도가 잘못되었다 하더라도 수정하면서 성공을 향해 조금 더 앞으로 걸어가면 됩니다. 계획을 세우고 체계적으로 시도하다 보면, 결과가 잘못되었더라도 그 원인을 확인하고 고칠 수 있어요. 하지만 실패에 대한 두려움 때문에 아무렇게나 시도하면, 잘 안 될수록 점점 더 낙담하게 되고 포기하고 싶어집니다.

시행착오를 하더라도, 의미 있게 실패할 수 있도록 준비하고 실행하는 자세가 중요해요.

편 대표님이 보면서 가장 놀랐던 모험은 무엇인가요?

유 〈배달의 민족〉입니다. 내가 사는 동네의 맛집을 다 알고 전화번호도 이미 있는데, 배달을 시킬 때, 배민이라는 앱을 통해 주문해야 하는가에 대한 근본적인 물음이 있었습니다. 그리고 초창기 서비스는 내가 앱을 통해 주문하면 전산상 들어온 주문을 콜센터에서 일일이 음식점에 전화로 전달하는 방식이었습니다. 하지만 그런 편견을 모두 이겨내고, 사람들이 새롭게 필요로 하는 가치를 만들어냈어요. 그 결과, 온 나라가 하나의 플랫폼처럼 연결되는 놀라운 성과를 이루었죠.

새로운 시도가 낯설고 말이 안 돼 보여도 창업자의 소신과 노력이 그 모든 한계를 극복한 거예요. 부정적 편견과 성공 사이의 시간과 환경적 차이를 누가 극복해 낼 것이냐, 그것이 벤처의 매력으로 꼭꼭 숨겨져 있는 것 같습니다.

편 모험했다가 실패하면 어떻게 해야 하죠?

유 모험과 도박은 분명한 차이가 있습니다. 전 재산을 걸고 주사위를 던지거나 목숨을 걸고 러시안룰렛을 하는 것처럼 어리석은 일은 없습니다.

모험은 새로운 것, 꼭 간절하게 해보고 싶은 것, 성취하면 가치 있는 것, 도전하는 것 자체로 의미 있는 것입니다. 그렇기에 모험했다가 실패한다고 해도 모든 것을 잃는 것은 아닙니다. 반드시 의미가 있습니다. 내가 꼭 해 보고 싶고, 간절하게 원했던 거였으니까요.

모험을 시작하기 전에 신중하게 잘 준비하고, 가슴 떨림으로 진행하고 한 걸음걸음에 의미를 찾으세요. 포기하지 않으면 실패가 아니라고 말씀드렸지만 정 힘들면 포기해도 됩니다. 남들이 실패라고 손가락질해도 아예 시도하지 않는 것보다는 의미 있는 실패를 선택하는 것도 좋습니다.

편 대입을 위한 공부만 하는 현실에서 모험한다는 게 상상이 안 돼요.

유 학창 시절을 보내는 여러분의 현재는 모험할 때는 아닌 듯합니다. 지식도, 경험도, 열망도, 노력도 아직 완성되지 않은 시기이기 때문입니다. 그러나 공부만 잘해서 좋은 대학에 들어간다고 해도 홍해가 갈라지듯이 인생이 열리지는 않습니다.

아무리 좋은 대학, 좋은 과에 들어간다고 해도 노력하지 않는다면 지식과 경험, 어떤 전문 분야에 대한 열망이 조금도 샘솟지 않습니다. 자신이 입학한 대학을 자랑스럽게 생각하고 '그 과에 꼭 기고 싶었는가? 무엇을 하고 싶었는가?'라는 질문을 먼저 해야 합니다.

대학입시를 위한 공부와 벤처 기업가적인 도전과 모험을 전혀 상관없는 이분법으로 생각하고 구분할 필요가 없습니다. 여러분의 적성과 소질, 장래 희망에 맞추어 과를 선택하고 보다 좋은 대학교를 가기 위해 도전하는 것 자체가 중요한 모험입니다. 그러한 노력과 습관이 사회에서는 벤처기업과 벤처캐피털리스트로 나타나는 것입니다.

편 이 책을 읽는 청소년의 부모님 중에는 모험을 선호하지 않는 분들도 있을 수 있을 것 같아요.

유 부모님이 자녀의 진로를 대신 선택한다면 앞으로 자녀들은 자신이 맞닥뜨려야 하는 많은 위험을 회피할 수 있습니다. 과거의 경험이 미래의 진로에 영감과 지혜를 주기 때문입니다. 부모님이 선택하는 인생에는 평범함과 안정이 보장될 수 있으나, 그것이 과연 나에게 '나만의 인생에 대한 의미와 가치를 가져다줄 수 있는가?'라는 질문을 던져야 합니다.

모든 사람이 벤처기업가일 수는 없습니다. 모두 콜럼버스가 된다면, 소는 누가 키우고 옷은 누가 만들겠습니까? 자기의 적성과 진로, 희망, 삶에서 의미를 느끼는 순간에 대해 부모님과 청소년이 많은 대화를 하고, 그것을 체계적으로 준비하는 과정 전체가 부모님과 자녀의 중요한 모험이라고 생각합니다. 모험을 함께 한다는 마음이 중요합니다.

편 사람들의 시선을 의식하지 않고 모험을 감행할 수 있을까요?

유 사람들의 시선을 전혀 받지 않는 것과 의식하지 않는 것은 다른 문제입니다. 만일 아무도 내게 관심이 없다면 자신의 인생을 한번 되돌아보아야 합니다. 대부분은 여러분이 무슨 모험을 하더라도 누구는 시기 어린 시선으로 바라보고,

누구는 어이없는 시선으로 볼 겁니다. 누군가는 여러분의 성공을 간절히 기원하는 시선으로 바라봅니다. 어떤 도전과 모험을 할 때 다양한 시선을 의식하지 않고, 휘둘리지 않을 수 있다면 당신은 자신의 내면에 더 집중하며 나아갈 수 있고, 반대로 남의 시선을 계속 의식한다면 더욱 큰 책임감과 중압감을 가질 수밖에 없습니다. 모험은 시선을 의식하지 않는 것이 아니라 시선을 극복해 내는 겁니다. 그것이 의미 있는 모험입니다.

편 우리는 지금부터 어떤 모험을 시작해야 발전하고 행복해질 수 있을까요?

유 사회가 해야 하는 모험은 이 사회의 책임 있는 사람들이 고민할 거예요.

우리는 우리의 모험에 집중해야 합니다. 행복은 절대로 조건에 있는 것이 아니거든요. 행복은 다분히 주관적인 기준입니다. 본인이 꼭 하고 싶은 것이 있는데 그것을 못한다면 그 사람은 절대 행복하지 않습니다. 본인의 일에서 성취의 기쁨을 맛보지 못했는데 행복을 느낄 수 있을까요? 본인이 한계를 넘어선 노력의 의미를 모르는 데 행복의 의미를 알 수 없습니다.

나는 어떤 사람인가? 나는 무엇에 의미를 두는가? 나는 무엇을 간절히 원하는가? 나는 그것을 위해 어떤 노력을 할 것인가? 이것을 알아가는 나를 향한 항해가 모험의 시작입니다.

나를 발견하고 내 행복의 목표를 설정해야 항해를 시작할 수 있습니다.

선한 가치창조를 제안하는 필자

VENTURE CAPITALIST

벤처캐피털리스트

유인철 Story

편 대표님의 중, 고등학교 시절에 관해 이야기해 주세요.

유 우리 집은 경제적으로 어려웠어요. 부모님은 공부하라는 잔소리를 하신 적이 없어요. 하지만 아버지의 기대는 항상 컸어요. 제 성적은 중위권인데 친척들에게는 우리 아들 성적이 상위권이라고 하셨죠. 속으로 아버지가 거짓말한다고 생각했어요. 어쩔 수 없이 아버지 말씀처럼 열심히 공부해서 상위권에 들었죠. 50명 중에 20등을 했는데 그래도 흐뭇했어요. 아버지를 거짓말쟁이로 만들지는 않았으니까요.

그런데 아버지가 친척들에게 제가 10등 안에 든다고 또 과장된 자랑하셨어요. 열심히 공부해서 10등을 했죠. 다시 제가 5등 안에 든다고 해서 공부했어요. 아버지는 제가 법대에 가기를 원하셨어요. 우리 집안에서 판사, 검사가 나오는 게 아버지의 꿈이었죠. 정말 열심히 공부했어요. 가난해서 누구의 도움을 받는 건 상상도 못 했어요. 혼자 공부했죠. 성적이 계속 올라서 결국 법대에 진학했어요.

지금 생각해 보면 혼자였지만 주도면밀하게 공부한 것 같아요. 벼락치기에 강했어요. 시험을 앞두고 날짜를 거꾸로 역산하는 버릇이 있었어요. 공부해야 할 분량을 세 부분으로 나눈 후에 각각 세 번 반복 학습하는 방법이었죠.

편 법대 진학이 본인의 꿈이었어요?

유 아버지의 꿈은 제가 법관이 되는 거였지만 법대에 진학한 후에 진로를 바꿨어요. 생각이 달라졌다고 할까요? 사람이 다른 사람의 옳고 그름을 판단할 수 없다고 생각했어요. '내가 반드시 바른 판단만을 내릴 수 있을까?'라는 질문을 던졌죠.

판사가 됐는데 어느 날 조폭이 와서 가족을 두고 협박한다면 내가 버틸 수 있겠냐는 거죠. 그리고 내가 얼마나 대단한 존재라고 누군가에게 죄를 물을 수 있겠어요. 절대적 진실을 분별해 내고 올바르게 판단할 수 있을지 확신이 없었죠. 내가 그 성도의 사람이 안 되면 옳고 그른 판단을 내리는 일보다는 생산적인 일을 하자고 정했어요. 파이를 자르는 일 말고 파이를 키우는 일. 즉, 창조적인 일을 하기로 결정했죠. 법조계는 창조성과는 거리가 멀어요. 법은 삼단논법에 따라서 규칙대로 적용하죠. 개인적으로 창조적이고 생산성 있는 일, 사람들에게 도움이 될 수 있는 일이 무엇일지 고민했어요.

편 부모님은 어떤 분이셨죠?

유 아버지는 철공소에서 일하셨어요. 용접 일이요. 어머니는 집에 계시다가 집안 사정이 어려워져서 포장마차를 하셨어요. 학교 끝나고 집에 가면 매일 밤 술주정하는 사람들이 있어서 일부러 늦은 시간에 집에 갔어요. 손님들이 가야 잘 수 있었으니까요.

취미 같은 건 없었어요. 그때는 가난한 게 너무 싫었어요. '쟤네 집은 잘 사는데 우리 집은 왜 가난하지? 내가 뭘 잘못했나?' 그런 고민을 했죠. 그래서 고등학생 때 서울에 있는 대학을 가서 집에서 탈출하는 게 꿈이었어요. 단칸방에서 생활하는 게 너무 싫었죠. 어머니가 지방 국립대에 입학해서 4년 장학금을 받으면 안 되겠냐고 하셨지만, 서울로 가겠다고 고집부렸어요. 내가 집안 사정을 고민한다고 해도 도움 되는 게 아니니까 고민 자체를 하지 말자고 생각했어요. 중학생 때 신문을 돌렸던 게 기억나네요.

편 중학생 때요?

유 2년 가까이 신문을 돌렸어요. 정말 싫었죠. 어떻게 시작하게 되었냐면 위대한 사람들은 고생을 많이 하더라고요. 그 스토리가 멋졌어요. 그것을 따라 하느라 시작했는데 정말 만만치 않더라고요.

특히 겨울에 엄청 추워요. 신문 보급소 소장도 무서웠죠. 신문 백 부를 돌리고 나면 빼먹은 곳이 있어요. 어느 집에 안

넣었는지 도통 생각이 안 나는 거예요. 그러면 그 집에서 전화가 와서 난리가 나죠. 가장 힘들었던 건 신문을 안 보겠다고 하는데 소장이 무조건 넣으라는 거예요. 신문을 넣고 도망치다가 주인한테 잡혔죠. 그런 게 너무 힘들었어요.

 부모님이 말리진 않으셨나요?

 한 달에 2만~2만 5천 원을 받아서 어머니께 드렸는데 기뻐하셨어요. 효자라고 생각하셨죠. 그렇게 어렵게 살아도 그게 낙이셨던 것 같아요. 부모님은 가난하게 살아도 언제나 자식들에게 모범을 보이셨어요. 어머니가 막걸리를 팔았어도 절대 구차하지 않았죠. 그래서 부모님을 존경해요. 막걸리를 팔며, 같이 마시기도 하고, 가끔 술자리에 앉아 계셨지만 험하게 안 사셨어요. 그래서 비뚤어진 자식이 없어요.

이야기가 옆으로 샜는데 신문 돌린 월급을 받으면 어머니께 다 갖다드렸어요. 보통 드라마에서는 어머니가 그 돈을 다 모아놨다가 "필요할 때 쓰거라." 하고 통장을 내놓잖아요. 그런데 저희 어머니는 제가 드린 돈을 생활비로 사용하셨죠. 만약 생활비로 사용 안 하고 제 용돈이나 학용품비로 모으셨다면 신문 배달을 바로 그만두었을 거예요. 그런데 생활비로 중요하게 쓰시더라고요. 그래서 2년 반 동안 신문 배달을 했어요.

결국 나중에 그만두면서 "공부를 더 열심히 할게요."라고 약속했어요. 이런 상황에서 사춘기 방황 같은 건 할 시간이 없었죠.

편 대학 시절은 어떠셨어요?

유 공부를 열심히 해서 장학금을 거의 다 받았어요. 고3 때 눈 통증으로 공부를 제대로 못 했어요. 고2 때 1등을 했던 성적이 떨어졌죠. 그래서 재수했고, 성적이 다시 올라서 연세대학교 법대에 갔어요. 원래 서울대학교 정치외교학과를 가고 싶었어요. 외교관이 되고 싶었죠. 법대에 왔는데 정의 어쩌고 하는 게 저에게 안 맞았기 때문에 생산적인 일을 하기로 결정한 거예요.

생각해 보니까 초등학교 선생님 중 한 분이 사람은 창의적이어야 한다고 강조하셨어요. 그땐 그게 무슨 뜻인지 몰랐죠. 그렇지만 그게 뭘까 고민하면서 창의적인 사람이 되려고 노력했어요. 그림 하나를 그려도 독특하게 그리려고 했죠. 창의적인 것이 인간에게 중요한 의미가 있다고 강조하셨던 선생님 덕분에 창의라는 가치를 알게 되었고 그렇게 되려고 노력했던 것이 인생의 중요한 계기가 된 것 같아요.

編 중, 고등학교 때 존경한 사람이나 감명 깊게 읽은 책이
있나요?

유 어렸을 때 읽은 책 중에 제임스 클라벨^{James Clavell}의 『23
분간의 기적』이 있어요. 알퐁스 도데 Alphonse Daudet의
『마지막 수업』의 이야기를 다른 관점에서 쓴 거예요. 프랑스
애들이 독일 선생님에게 23분 동안 세뇌당하는 과정을 그렸
어요.

아이들은 늑대같이 무서운 독일 괴물 선생님이 올 줄 알았
어요. 그런데 예쁜 여자 선생님이 들어오는 거예요. 선생님은
애들 이름을 다 알아요. 한 명씩 호명하면서 다정하게 대하
죠. 그런네 소중한 프랑스 국기를 하나씩 나눠 갖자고 이야기
해 놓고는 국기를 찢어 버려요. 그리고 부모님이 나라에 관해
서 이야기한 걸 들려달라고 하죠. 독일에 대해서 비난한 사
람들을 색출해 내요. "국기가 잘린 국기 봉은 어떻게 할까?
필요 없겠지?"라고 이야기하면서 프랑스 국기가 달렸던 봉을
창밖으로 던져 버려요.

저는 이 책을 읽고 교육, 세뇌, 가치관이 얼마나 중요한지
느꼈어요. 똑같은 이야기를 긍정 또는 부정의 두 가지 관점에
서 이야기할 수 있다는 걸 알았어요. 똑같은 것을 어떤 사안
에 대해서 긍정적으로 볼 건지 부정적으로 볼 건지 입장을

정하고 그것을 위해서 싸우는 게 중요하다는 생각을 하게 되었죠.

[편] 법대를 졸업하셨는데 왜 법조계 직업을 갖지 않으신 거죠?

[유] 법대 4학년 때 법과 정의가 다르다는 것을 느꼈다고 말씀드렸잖아요. 악법도 법이냐고 물어보면 다들 대답을 못해요. 4학년이 되었을 때 법이 정의를 담고 있지 않다는 걸 깨달았어요. 1학년 때 실정법을 배워요. 헌법, 민법, 형법부터 배우죠. 3학년이 되면 소송법을 배워요.「형사소송법」,「민사소송법」. 4학년 때 법철학을 배우면서 법에 대한 원론을 배워요. 옛날에 법은 왕이 만들었거나, 돈이 많은 시민들이 만든 시민법이에요. 민주주의 법이 아니고요. 돈 가진 사람들의 로비로 만들어진 게 법이더라고요. 힘과 돈이 없는 사람을 착취할 수밖에 없어요.

지금의 국회의원들이 과연 서민을 대변하나요? 저는 아니라고 생각해요. 그런데 옛날에는 더 아니었겠죠. 법과 정의는 달라요. 소크라테스는 '악법도 법이다.'라면서 죽었어요. 그런데 악법은 법이 아니라고 말하는 사람들은 엄청나게 많이 죽었죠. 제가 소크라테스를 언급하는 이유는 위정자들이 그를 잘 활용하기 때문이에요. 법이 악법이라 해도 일단 지키라는 거죠.

저는 법과 정의가 다른데, 거기에 매달리고 싶지 않았어요. 판사가 법을 어기면서 자유롭게 판결할 수 있나요? 그럴 수 없어요. 차라리 테두리에서 벗어나 생산적인 일을 하자고 정했죠.

편 진로를 완전히 바꾸신 거네요.

유 우선 취직해야겠다고 생각했어요. 대성그룹에 입사했고 야간 전문대학을 다니면서 인터넷을 배웠어요. 프로그래밍, 디자인, DB^{Database} 구축을 배웠죠. 그룹 내에서 벤처기업에 투자하는 일을 했어요. 그게 시작이었죠.

저는 원래 유니세프에 들어가고 싶었어요. 그런데 은사님의 소개로 대성그룹에 입사했죠. 그룹에서 벤처캐피털을 인수하게 되었는데 그 일을 담당하게 되었어요. 모든 투자 제안은 제가 검토할 기회를 얻게 되었어요.

편 회사 생활은 즐거웠나요?

유 보통 회사의 직원들은 회장님을 아주 어렵게 생각해요. 저는 그렇지 않았어요. 하고 싶은 이야기를 다 했어요. 아니라고 생각하는 게 있으면 그 이유도 정확히 이야기했고 긍정적이면 어떤 부분이 긍정적인 건지, 회장님이 어떤 선택을 했을 때 감수해야 할 위험이 뭔지 정확하게 이야기했어요.

그런 저를 회장님은 많이 존중해 주셨고, 지금의 벤처캐피털리스트가 되는 데 큰 은혜를 베푸셨습니다. 인생을 살면서 누군가에게 값없이 은혜를 받는 경우가 있어요. 저는 회장님께 많은 은혜를 입었고, 그것을 언젠가는 또 다른 사람들에게 베풀고 싶어요.

편 회사에서 왜 나오셨어요?

유 저는 크리에이티브한 벤처기업을 키우고 싶은데 대기업 소속의 벤처캐피털은 안정적인 투자를 원했죠. 대부분 대기업 하청 일을 하는 벤처기업에 투자하려고 했어요. 위험을 감수하려고 하지 않았어요.

저는 초기에 기업을 잘 만들어 지원하고, 멘토링하면 된다고 생각했어요. 그러면 운영상의 리스크를 많이 관리할 수 있고, 위험이 상대적으로 크지 않다고 생각했습니다.

제가 이야기하는 벤처캐피털의 형태나 방향은 보통의 벤처캐피털보다 훨씬 진보적이에요. 보통 사람들은 잘해서 돈을 많이 버는 게 중요하죠. 저는 좀 더 진보적이고 미래지향적인 이야기를 하고 싶어요. 제가 청소년들을 위해 이 직업을 프러포즈하는 이유예요. 벤처캐피털에 미래를 위한 창의성과 진보성이 없다면 사채와 같은 제2금융권과 똑같다고 생각해요. 은행에서 대출받지 못하는 기업에 단순히 높은 이자를 요구하며 투자하는 금융기관인 거죠.

편 이 일을 포기하고 싶었던 순간은 언제였어요?

유 제가 투자했던 게 잘 안되면 힘들어요. 신념에 찬 투자를 했는데 그 결과가 안 좋을 때는 어렵고 괴롭죠. 그럴 때는 다시 처음으로 돌아가요. 후회는 안 해요. 반성만 하죠. 후회는 백해무익해요. 이 글을 읽는 여러분은 후회하지 않았으면 좋겠어요. 만약 자기 잘못을 알았다면 깊이 반성하고 앞으로 잘 하면 돼요. 후회하고 뒤를 돌아볼 필요가 없어요. 그건 자아를 깎아 먹는 행동이에요.

편 투자한 기업이 배신한 때도 있나요?

유 그 사람이 지금 아무것도 가진 게 없더라도, 우리는 그의 가능성과 미래 가치에 투자해요. 믿음을 바탕으로 파트너가 되어, 함께 무언가를 만들어가려고 하죠. 그런데 이런 경우가 있어요. 일이 잘 되면 자기 때문에 잘된 거고, 잘못되면 우리가 안 도와줘서 잘못된 거래요. 그렇게 평가하더라고요.

저는 개인적으로 최고의 멘토가 되기를 원하는데, 기업으로서는 아무것도 묻지 말고, 많은 돈을 투자해 주기를 바라죠. 그런 관점에서 본다면 저는 최고의 투자자가 아닐 수도 있어요. 하지만 안목을 가진 최고의 멘토는 될 수 있죠.

제가 아이디어를 제공해서 사업을 시작한 친구가 있었어요. 제가 멘토링을 계속했는데 1부터 10까지 가르쳐줬다면 앞부분만 듣고 창업하더라고요. 그다음부터는 저를 멘토로 생각하지 않았어요. 저는 사람이 제일 중요하다고 생각하는데 창업파트너들도 몰아내더라고요. 3년 동안 동고동락했던 사람을 몰아내고 지분도 뺏었어요. 그렇게 하면 잘될 수가 없다고 생각해요. 일시적으로 투자받을 수는 있으나 중장기적으로 아이템에 대한 애착, 비전이 얼마나 있을까요? 근시안이 되어가죠.

벤처캐피털은 단순히 돈을 벌고 빠지는 데 그쳐서는 안 돼요. 지속 가능한 가치를 만드는 기업을 함께 세우고, 그 과정을 통해 고용을 늘리고 사회에 기여하는 것, 그게 진짜 중요한 역할이에요.

순간적인 이해관계로 판단하면 기업의 결말이 안 좋아요.

편 보람을 느낀 순간은 언제인가요?

유 제가 생각한 비즈니스 모델, 제가 준 아이디어가 쑥쑥 크는 걸 보면 정말 기분이 좋아요. 제가 사업한 것처럼 기뻐요. 대리만족하는 거죠. 기업에서 고맙다고 인사해요. 제가 준 도움이 200억 원의 가치가 있다고 이야기해 주면 너무 기쁘죠. 그게 그 사람의 삶의 지혜인 것 같아요. 도와준 사람에게 고맙다고 표현하면서 신뢰를 얻는 친구들이 있는 반면에 그것도 못하는 친구들이 있어요. 아무것도 없을 때 투자해서 그 힘으로 쑥쑥 커가는 기업들을 보면 행복해요. 그들이 커가면서 제가 선택했던 비즈니스 모델, 투자한 회사, 제 아이디어가 세상의 변화를 이끌 때 그것만큼 기쁜 일은 없죠.

편 마지막으로 대표님의 꿈과 비진이 궁금해요.

유 개인적으로는 좋은 벤처기업들을 기획하고, 양성하는 스타벤처매니지먼트, Star Venture Management 회사를 만드는 게 꿈이에요.

좋은 벤처기업이란 세상을 널리 이롭게 하는 것이에요. 팔레스타인, 아프리카, 동남아시아, 중국, 북한 이런 제3세계에 나가서도 일자리를 창출하고, 수익을 창출하면서 그들을 변화시킬 수 있는 그런 회사를 만들고 싶어요. 비즈니스 모델을 많이 만드는 거죠. 제3세계 나라들을 위해 좋은 벤처기업을 프랜차이즈 하면 좋겠고, 좋은 벤처기업가를 양성하는 게 목표예요.

제가 좋은 벤처기업가를 양성하고 만약 그들이 실패하면 "벤처기업에 실패했더라도 벤처캐피털리스트로 살아가세요." 라고 말하고 싶어요.

벤처기업가와 벤처캐피털리스트라는 두 가지 역할을 모두 주고, 아이디어가 있는 사람에게는 벤처기업을 창업시키고, 창업 능력이 안 되는 사람은 벤처캐피털리스트로 성장시키는 회사를 만들고 싶어요. 뛰어난 젊은 인재들이 새로운 리스크가 있는 모험을 하되 그 위험을 선배나 인프라가 부담해 주면 좋겠어요. 과감한 시도가 계속 이루어질 때 우리 사회와 인류도 더욱 선한 방향으로 발전할 거라고 생각합니다.

그게 저의 꿈이에요.

성공적인 투자유치를 위해 벤처기업의 전략을 강의하는 필자

VENTURE
CAPITALIST

이 책을 마치며

편 지금까지 긴 시간의 인터뷰였습니다. 인터뷰 소감이 어떠신가요?

유 벤처캐피털리스트라는 직업을 소개하면서 많은 모험과 도전을 강조한 것 같아요. 직업이란 단순히 생계를 위한 수단이나 돈을 버는 방법만을 의미하지 않습니다. 직업을 통해서 우리는 사회에 건강한 시민으로 참여하고 기여할 수 있습니다. 인생에 방향과 꿈을 갖고 의미를 찾는 것이 중요합니다. 여러분에게 저의 직업을 통해 인생과 모험에 대해 조언할 수 있어서 정말 감사한 시간이었습니다.

편 이 책을 읽는 청소년, 그리고 진로 직업에 대해 고민하는 많은 사람이 어떤 직업인이 되기를 바라나요?

유 대학입시를 준비하는 많은 청소년 여러분과 직업을 구하기 위해 자격증과 스펙을 쌓고 있는 예비 직장인 여러분이 결국 우리 사회의 주인공으로 성장할 겁니다. 여러분들이 이 사회의 주인이 되는 시대가 곧 오겠죠. 여러분이 꿈꾸는 우리 사회와 세상은 의미 있고 보다 따뜻한 가치 지향적인 사회였으면 좋겠습니다.

편 대표님께서는 누군가 벤처캐피털리스트라는 직업을 갖

는다면 어떤 조언을 해주실 건가요?

유 지금은 인공지능 기술이 본격적으로 우리의 삶을 바꾸고 있는 시기라고 생각해요. 그래서 저는 "많은 벤처기업가 중에 성공할 사람을 찾지 말고, 반드시 성공해야 할 사람을 찾아야 한다."라고 말하고 싶어요. 진짜 변화는, 그런 사람을 만났을 때 시작되거든요. 그리고 성공해야만 하는 사람과 기업을 성공한 벤처기업으로 성장시키는 일에 사명감을 가지라고 조언하고 싶어요.

편 대표님의 인생은 앞으로 어떻게 변화할까요?

유 벤처캐피털리스트로 활동하다가 이제는 벤처기업가로 노력하고 있습니다. 또 다른 형태로 세상과 싸우는 중입니다.

어떤 모습으로 성장하더라도, 제가 중요하게 여기는 방향과 가치를 잃지 않으려고 늘 고민하고 있습니다. 그 가치를 실제로 실현하기 위해 앞으로도 꾸준히 충실하게 노력하고 싶습니다.

편 대표님과 함께 마지막까지 달려온 독자분들에게 인사말씀 부탁드립니다.

유 여러분에게 너무 많은 당부를 드린 것 같습니다. 저 또한 경험이 부족하지만, 많은 시행착오를 거쳐서 왔습니다. 제 인생의 선택이 꼭 정답은 아닐지 몰라도, 저 역시 여러분과 함께 우리 사회의 문제를 다른 방식으로 풀어내는 길을 찾아가고 싶습니다. 그렇게 가치 있는 삶을 함께 만들어가고 싶어요. 여러분의 삶은 다양하게 전개될 거예요. 그 속에서 여러분이 건전한 방향성만 잃지 않는다면 여러분의 모든 선택은 전부 옳은 해답이 되어줄 것입니다. 여러분을 응원합니다.

편 이 세상의 모든 직업이 여러분을 단 한 명도 차별하지 않고 모든 가능성의 문을 활짝 열 수 있도록 잡프러포즈 시리즈는 부지런히 달려갑니다. 다음 편에서 뵙겠습니다! 감사합니다.

🤝 비즈니스 모델에 대한 멘토링

나도
벤처캐피털
리스트

성공할 만한 사업 아이디어 제안하기

이번 과제는 여러분만의 사업 아이디어 3개를 만들어 보는 거예요.
그냥 막연한 생각이 아니라, 양식에 맞춰 구체적으로 정리해 보면 더 재미있
고 실감 나게 만들 수 있답니다.

1. 아이디어 제목 붙이기

예 "AI 공부 도우미 앱", "제로웨이스트 카페", "메타버스 영어학원"

2. 아이디어 설명하기

이 아이디어가 어떤 서비스나 상품인지 간단히 설명해 주세요.

3. 핵심 키워드 정하기

예 "AI", "친환경", "메타버스" 그리고 이 키워드와 관련된 경쟁사가 누구인
지도 찾아보세요.

4. 고객 분석하기

내 사업 아이디어의 주 고객은 누구일까? 청소년, 대학생, 직장인, 부모님
세대 등 그 고객들이 갖고 있는 필요와 불편은 무엇일까?

5. 수익 모델 고민하기

어떤 상품이나 서비스로 만들지?
돈은 어떻게 벌 수 있을까? 판매, 구독, 광고, 멤버십 등

6. 시장 트렌드 반영하기

내 아이디어가 새로운 시장을 만드는 게 아니라, 이미 있는 시장 속에서 더 발전해 가는 거라면? 지금의 사회적, 기술적 트렌드를 반영하면 훨씬 완성도가 높아집니다.

세상을 바꿀 기술 3가지 찾아내기

세상은 우리 생각보다 훨씬 빠르게 변하고 있어요.

우리가 직접 기술을 만들지 않아도, 매년 새로운 기술이 나오면서 우리의 삶을 바꾸고 있죠.

이번 숙제는 "세상을 바꿀 기술 3가지"를 찾아보는 거예요.

1. 인터넷이나 책, 기관 보고서를 검색해서 "미래 기술" 자료를 찾아보세요.

㉠ 인공지능, 바이오 기술, 친환경 에너지, 우주 탐사 등

2. 그중에서 여러분이 보기에 가장 세상을 크게 변화시킬 것 같은 기술 3가지를 고릅니다. 왜 이 기술이 중요하고, 어떤 방식으로 우리의 생활이나 사회를 바꿀지 정리해 보세요.

3. "내가 생각하는 미래 3대 기술"을 발표해 보는 거예요.
이 과제를 통해 여러분의 세상을 바라보는 안목이 한층 더 넓어질 겁니다.

숙제 3

투자시장 살펴보기

새로운 기업들이 세상에 나오려면 무엇이 필요할까요?

바로 투자입니다. 벤처캐피털 VC이라는 투자회사들은 매년 수많은 벤처기업에 돈을 투자해요.

이번 숙제는 올해 투자시장의 흐름을 직접 확인해 보는 거예요

1. www.thevc.kr 사이트에 들어갑니다.

2. 올해 가장 많은 투자를 받은 기업은 어떤 회사인지, 그리고 투자금액은 얼마나 되는지 찾아보세요.

3. 대한민국에서 올해 가장 활발하게 투자한 벤처캐피털은 어디인지 확인해 보세요.

이렇게 찾은 정보를 친구들과 공유하고, "왜 이 기업이 투자받았을까?" "앞으로 어떤 산업이 더 커질까?" 함께 이야기해 보세요.

증권사 산업 분석 보고서 찾아보기

세상에는 반도체, 게임, 자동차, 바이오, 여행, 음식, 패션 등 매우 다양한 산업이 존재합니다. 그리고 이러한 산업들이 앞으로 성장할지, 혹은 어려움을 겪을지를 전망하는 사람들이 있습니다. 바로 증권사 애널리스트입니다.

증권사는 투자자들이 올바른 판단을 할 수 있도록 산업분석 보고서를 작성해요.

이 보고서에는 다음과 같은 내용이 담겨 있어요.

1. 그 산업의 기술과 특징

2. 앞으로의 트렌드 성장 가능성, 위험 요인 등

3. 해당 산업에서 중요한 기업들의 현황과 전망

이번 숙제는 여러분이 관심 있는 산업을 하나 골라서, 증권사에서 발간한 산업 분석 보고서를 찾아보고 정리하는 거예요.

어떻게 하면 좋을까요?

1. 먼저 내가 흥미 있는 산업을 정해 보세요.
예 전기차, 인공지능, K-팝, 여행 산업, 온라인 쇼핑 등

2. 인터넷에서 산업명 + 증권사 리포트 또는 산업명 + 산업분석 보고서를 검색해 보세요.
예 "전기차 산업 분석 리포트 PDF"

3. 보고서를 읽으면서 중요한 부분을 요약해 봅니다.
· 이 산업은 왜 중요한가?
· 앞으로 성장 가능성은 얼마나 되는가?
· 어떤 기업들이 중심이 되는가?

이 숙제를 통해 단수히 "내가 좋아하는 산업"을 넘어서, 산업을 보는 투자자의 눈을 기를 수 있어요. 앞으로 어떤 직업을 선택하든, 세상과 산업을 읽는 안목은 정말 중요한 힘이 됩니다.

증권사 산업 분석 보고서 찾아보기

여러분이 관심 있는 산업 하나를 선택해서, 증권사에서 발간한 산업분석 보고서를 찾아 읽고 정리해 보는 과제입니다.

증권사는 상장 기업과 산업 전반에 대해 깊이 있는 연구와 분석을 진행하고, 이를 바탕으로 산업분석 보고서를 발표합니다.

이 보고서에는

1. 산업의 기술 개요
2. 현재와 미래의 트렌드
3. 해당 산업을 이끄는 주요 기업들의 현황과 전망 등이 잘 정리되어 있어요.

즉, 투자자에게는 중요한 참고 자료이지만, 우리에게도 산업을 넓게 이해할 수 있는 창이 되어줍니다.

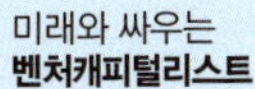

상장사 분석하기

이번 숙제는 여러분이 관심 있는 상장기업을 직접 찾아보고, 그 기업의 규모와 특징을 분석해 보는 과제입니다.

1. 어떤 기업을 분석하면 좋을까요?

우리가 잘 아는 기업 중에도 이미 상장된 회사들이 많습니다.
· 네이버, 카카오, 삼성, LG, SK, 현대·기아자동차
· 아이돌 그룹을 키운 엔터테인먼트 회사들
· 게임 회사들
이런 기업들은 모두 주식시장에서 투자자들에게 평가받고 있어요.

2. '큰 회사'는 무엇으로 판단할까요?

기업의 크기를 단순히 매출이나 직원 수로만 판단하지 않습니다.
상장기업의 경우 시가총액을 가장 대표적인 기준으로 삼습니다.

$$시가총액 = 주가 \times 주식\ 수$$

예를 들어, 매출이 크더라도 시가총액이 상대적으로 낮은 기업도 있고, 반대로 매출은 적지만 시가총액이 매우 높은 기업도 있습니다.

3. 분석 방법

관심 있는 상장사 몇 개를 고릅니다.

각 기업에 대해 다음 항목을 조사해 보세요.

· 매출액
· 순이익
· 주가
· 주식 수
· 종업원 수
· 시가총액 자동 계산 가능: 주가 × 주식 수

기업별로 비교해 보면서 "어떤 회사가 더 크다고 말할 수 있을까?"를 정리합니다.

4. 마무리

우리나라 단일기업 중에서 가장 큰 기업은 어디일까요? 여러분이 생각하는 좋은 회사란 어떤 회사인가요? 돈을 많이 버는 회사일까요? 사회적 책임을 잘하는 회사일까요?

이 숙제를 하면서, 단순히 이름만 아는 기업을 넘어 재무적 관점에서 기업을 바라보는 눈을 키우게 될 거예요.

청소년들의 진로와 직업 탐색을 위한
잡프러포즈 시리즈 3

미래와 싸우는
**벤처캐피털
리스트**

2026년 1월 6일 | 개정판 1쇄

지은이 | 유인철
펴낸이 | 김민영
펴낸곳 | 토크쇼

편집인 | 김수진
표지디자인 | 이든디자인
본문디자인 | 문지현
홍보 | 이예지

출판등록 | 2016년 7월 21일 제 2023-000173호
주소 | 서울시 마포구 월드컵북로98, 2층 202호
전화 | 070-4200-0327
팩스 | 070-7966-9327
전자우편 | myys327@gmail.com
ISBN | 979-11-94260-67-7 (43190)
정가 | 15,000원